Jörg Becker

Eine disruptive Arbeitswelt verlangt nach Agilität für das Berufsleben

Der Autor

Jörg Becker hat Führungspositionen in der amerikanischen IT-Wirtschaft, bei internationalen Consultingfirmen und im Marketingmanagement bekleidet und ist Inhaber eines Denkstudio für strategisches Wissensmanagement zur Analyse mittelstandorientierter Businessoptionen auf Basis von Personal- und Standortbilanzen. Die Publikationen reichen von unabhängigen Analysen bis zu umfangreichen thematischen Dossiers, die aus hochwertigen und verlässlichen Quellen zusammengestellt und fachübergreifend analysiert werden. Zwar handelt es sich bei diesen Betrachtungen (auch als Storytelling) vor allem von Intellektuellem (immateriellen) Kapital nicht unbedingt um etwas Neues. Doch um neue Wege zu gehen, reicht es manchmal aus, verschiedene Sachverhalte, die sich bewährt haben, miteinander neu zu kombinieren und fachübergreifend zu durchdenken. Zahlen ja, im Vordergrund stehen aber „weiche" Faktoren: es wird versucht, Einflussfaktoren nicht nur als absolute Zahlengrößen, sondern vor allem in ihrer Relation zueinander und somit in ihren dynamischen Wirkungsbeziehungen zu sehen. Auch scheinbar Nebensächliches wird aufmerksam beobachtet. In der unendlichen Titel- und Textfülle im Internet scheint es kaum noch ein Problem oder Thema zu geben, das nicht bereits ausführlich abgehandelt und oft beschrieben wurde. Viele neu hinzugefügte und generierte Texte sind deshalb zwangsläufig nur noch formale Abwandlungen und Variationen. Das Neue und Innovative wird trotzdem nicht untergehen. Die Kreativität beim Schreiben drückt sich dadurch aus, vorhandenes Material in vielen kleinen

Einzelteilen neu zu werten, neu zusammen zu setzen, auf individuelle Weise zu kombinieren und in einen neuen Kontext zu stellen. Ähnlich einem Bild, das zwar auf gleichen Farben beruhend trotzdem immer wieder in ganz neuer Weise und Sicht geschaffen wird. Texte werden also nicht nur immer wiederholt sequentiell gelesen, sondern entstehen in neuen Prozess- und Wertschöpfungsketten. Das Neue folgt aus dem Prozess des Entstehens, der seinerseits neues Denken anstößt.

Management Overview

In Märkten mit evolutionären Ausleseprozessen hat Flexibilität Priorität: wer nicht auf der Höhe der Zeit ist, fällt dem „Digitalen Darwinismus" zum Opfer. Nicht immer die Stärksten und Größten überleben, sondern eher die Agilsten. Agilität steht für Gewandtheit und Beweglichkeit. Konkrete Erfolgsfaktoren sich hierbei: Risiken wagen, schnell entscheiden, aus Fehlern lernen. Berufseinsteiger tauchen in die für sie noch neue Welt der Arbeit ein: in jenes sonderbare Gefüge mit geschriebenen und ungeschriebenen Gesetzen, mit offiziellen und inoffiziellen Hierarchien, mit Chefs und Unter-Chefs und so fort.

Der Berufseinsteiger in seiner Anfangszeit ist ein Unwissender unter Wissenden, der kennt (noch) nicht die geheimen Verästelungen der Macht, wer mit wem und warum, was gar nicht geht. Ohne Anpassung in diesem Labyrinth ist die Gefahr des Scheiterns groß. Und schon beginnen sie ihr Werk: die Mechanismen der Anpassung. Mit der Entgrenzung der Arbeitswelt, d.h. den sich auflösenden Grenzen zwischen öffentlichem und privatem Leben, wird gleichzeitig auch die emotionale Vereinnahme des Einzelnen immer intensiver. Im Hintergrund lauert auch immer die Abstiegsangst, die Angst zu versagen und ohne Umkehrchance auf einem Abstellgleis zu landen. Man muss selbstbewusst genug sein, um auch einmal ein Abstellgleis ertragen zu können. Weiter unten in der Hierarchie ist man dazu gegen allzu große Identifikation mit der Arbeit am ehesten immunisiert. Es soll allerdings auch Firmen und Chefs geben, die ganz bewusst gerade Personen schätzen, die auch als advocatus diaboli einmal kritisch Gegenpositionen einnehmen und deshalb noch nicht als schrullige Außenseiter belächelt oder abgetan werden.

Von einem Professor wurde einmal die (provozierende) These vertreten, dass (amerikanische) Eliteuniversitäten vor allem beschränkte Konformisten heranzüchten würden. Statt sich im Selber-Denken zu üben würden Studenten im Punkte-Sammel-Wahn den eigentlichen Kursinhalten kaum noch mit tiefergreifendem Interesse begegnen. Also entgegen einem Bildungsideal, demgemäß eine Universität zum Denken erziehen soll, zum kritischen Hinterfragen von Werten und Idealen. Innovation ist eine unabdingbare Kraft: will man eher Jäger oder ehr Beute sein? Aus der Vergangenheit lassen sich viele Beispiele dafür anführen, wie man zur Beute wird, wenn man Technologietrends nicht ernst nimmt oder verschläft (Kodak, Nokia u.a.). Wer stehen bleibt, wird vom Jäger zur Beute. Von entscheidender Bedeutung ist die Wahl der richtigen Technologien und Werkzeuge. Es kommt darauf an, für ein bestimmtes Problem die passenden Werkzeuge aus dem Werkzeugkasten zu holen.

Nicht erst seit der digitalen Transformation ist es wichtig, die eigene Kernkompetenz zu kennen und darauf zu konzentrieren. An den Ufern neuer Datenmeere stehend wäre es wohl zu einfach, diese (nur weil man deren Bedeutung und Umfang nicht versteht) einfach als zukünftige Ordnung aller Dinge zu akzeptieren. Die kommerzielle Verwertung des Wissens über gegenwärtiges Verhalten breitet sich weiter aus bis hin „zu einer Beeinflussung und Umformung entstehenden Verhaltens", um zukünftige Einkommensquellen zu erschließen. Jedes Glied der Wertschöpfungsketten soll durch Analyse, Vorhersage und Umformung zu Geld gemacht werden. Das Personalcontrolling muss Umweltveränderungen im Personalbereich frühzeitig erkennen und hierfür geeignete Anpassungsstrategien entwickeln. Dazu müssen Instrumente erarbeitet werden, die eine Abschätzung der Wirkungen der Personalarbeit auf die Erreichung der Erfolgsziele ermöglichen. Da der Personalbereich stark durch Gesetze, Rechtsprechung, Tarifverträge, Betriebsvereinbarungen u.a. geprägt und reglementiert ist, müssen die Instrumente des Personalcontrolling sehr flexibel gestaltet werden. Quantifizierendes Denken steht so sehr im Vordergrund, dass manchmal qualifizierende und erfahrungsorientierte Analysen kaum mehr durchzudringen vermögen.

Die Digitalisierung auf der technologisch-ökonomischen Ebene (Informationsfluss in Echtzeit über jeden Raum hinweg) kreiert ein Paradigma der Machbarkeit. Da diese auf regelhaften Wirkungsverhältnissen beruht, wird vor diesem Hintergrund meist nur mit quantifizierenden Argumentationsweisen gearbeitet. In der Welt der Zahlen scheint alles möglich und nichts mehr gewiss. Experten können zwar alles und jedes in der objektiven Welt mit Zahlen belegen und erklären. Und trotzdem erscheint die Welt unserer Erfahrungen oft chaotisch, verwirrend, zusammenhanglos. An die Stelle von ehemals Ganzheit tritt zunehmend das Gefühl der „Zersplitterung". Die Vielfalt der Möglichkeiten in einer zunehmend unübersichtlichen Realität hat manchmal ein Defizit an Orientierung. Nie wussten Gesellschaften so viel über sich selbst wie heute. Statistische Daten sind jedoch nicht naturgegeben, sondern von Menschen gemacht: ihnen liegen Interessen und Prämissen zugrunde. Zahlen können deshalb nur in Verbindung mit qualifizierenden Argumenten zu sinnvollen Erkenntnisse führen.

Fragen von falsch und richtig lassen sich nicht allein mit Modellen und Zahlen beantworten, sondern nur in Verbindung mit Urteilskraft, Erfahrung und praktischer Vernunft: die Berufswelt besteht nicht nur aus quantifizierten Fakten. Die einzelnen Teilfunktionen des Personalcontrolling können -ausgerichtet auf ihre jeweils spezielle Zielsetzung- für ihre Aufgabe bestimmte Indikatoren ableiten. Die Analyse der Entwicklung dieser Indikatoren im Zeitablauf ermöglicht im Sinne eines Frühwarnsystems das rechtzeitige Erkennen von Sollzustand-Abweichungen. Eigendynamik einer Situation bedeutet, dass sich die Dinge auch ohne steuernde Eingriffe von außen selbständig entwickeln können und nicht unbedingt von einem Problemlöser oder Entscheider abhängen. Dadurch bedingt ist eine nur begrenzte Verwertbarkeit von Handlungskonzepten. D.h. auch in der Vergangenheit bewährte Konzepte können nur bedingt auf eigendynamische Situationen übertragen werden. Eine Situation ist undurchsichtig, wenn die ihr innewohnenden Entscheidungsvariablen und Einflussfaktoren nur unscharf sichtbar gemacht und zugeordnet werden können. Diese Intransparenz ist meist eine Folge von fehlenden oder unzureichenden Informationen. So kann es sein, dass dann Entscheidungen nur auf der Basis von Stellvertreterinformationen und Symptomen getroffen werden können (Bauchentscheidungen).

Der richtige Umgang mit der Unbestimmtheit und Komplexität bestimmter Entscheidungssituation betrifft Unternehmen ebenso wie Einzelpersonen. Letztlich ist jedermann bis auf die Ebene seiner individuellen und persönlichen Lebensgestaltung betroffen: niemand kann sich spätwirkenden Folgen daraus auf Dauer entziehen. Es gilt, für solche Herausforderungen so etwas wie ein strategisches Gespür zu entwickeln. Alle unterliegen einem gewissen Druck zur Öffnung bisher als festgefügt und stabil erlebter Strukturen. Was insbesondere auch für die Halbwertzeit von beruflich relevantem Wissen gilt. Gefordert sind soziale Flexibilität und die Bereitschaft zum ständigen Lernen. Ohne mit der begleitenden Zunahme an Freiheitsgraden der Unstetigkeit zu verfallen. fehlende Anerkennung führt zur Überforderung, nicht realisierte Leistungsgerechtigkeit führt zur Überforderung, hohe Überforderung führt zur Demoralisierung, hohe Überforderung führt zur Erschöpfung. Festgestellte Zusammenhänge: je höher die Überforderung ist desto größer ist auch die Erschöpfung.

Das Prinzip der Leistungsgerechtigkeit wird für das gerechteste Verteilungsprinzip erachtet. Veränderungen gehören zum Tagesgeschäft des Managements. Bisher aber stellten dieses nur selten das grundsätzliche Geschäftsmodell in Frage, sondern machten dieses „nur" schlanker, effizienter. Radikale Veränderungen sind vor allem durch hohe Unsicherheit gekennzeichnet,

Meinungen prallen aufeinander, verlässliche Leitplanken fehlen. Controller müssen nunmehr (im engen Schulterschluss mit den Strategieplanern) analysieren, welchen Einfluss die Digitalisierung auf die Geschäftstätigkeiten hat und haben wird. Das heißt, die bisherige straffe Regelsteuerung muss durch eine offene (losere) Steuerung ergänzt (ersetzt) werden. Controller, die bisher mit zeitnahen Abweichungsanalysen (täglich, wöchentlich) jeder noch so kleinen Kostenüberschreitung nachspüren wollten, müssen umdenken und manche Dinge mehr eigenverantwortlich „laufen lassen".

Dazu gerät mit der Digitalisierung ein weiteres Arbeitsfeld ins Wanken: wenn sich bewahrheitet, dass Computer die Auswertung von Ist- und Plandaten, das Erstellen von Abweichungsanalysen, Forecasts und Prognosen ebenso gut (zumindest schneller und genauer) wie Controller oder Menschen zu Wege bringen. Trennung von Unternehmen und Mitarbeiter ist Alltag: nur noch wenige bleiben für ihr ganzes Berufsleben bei einem einzigen Arbeitgeber. Obwohl schon jeder abhängig Beschäftigte davon geträumt haben wird, seinem Chef einmal so richtig die Meinung zu geigen und danach einen großen Abgang mit viel Getöse hinzulegen, ist das Prinzip „verbrannte Erde" im Regelfall immer die schlechteste Lösung. In jedem Fall ist der Weggang eines Mitarbeiters für beide Seiten eine heikle Sache. Richtig und konstruktiv gehandhabt, können aber beide Seiten daraus einen Nutzen ziehen. Meistens wird die Situation dadurch entspannter, dass man noch einmal miteinander redet. Der Arbeitgeber kann sich die Gründe für die Kündigung anhören und sie auswerten.

Prekär heißt ein Verhältnis, wenn es nicht stabil, wenn es unsicher und widerrufbar ist. „Beruf, Einkommen und Prestige – nichts erscheint mehr sicher. Wie ein verlassenes Schiff auf hoher See schlingern viele Arbeitnehmer durch das Erwerbsleben, sie sind äußeren Gewalten ausgeliefert und können selbst nicht mehr steuern". Diese Definition trifft auf immer mehr Arbeitsverhältnisse zu. Auch Hochqualifizierte brauchen immer länger, bis sie eine sozial gesicherte berufliche Umlaufbahn erreichen. „Das Erwerbsleben hat insgesamt seine frühere Struktur verloren, Die traditionelle Berufslaufbahn – in jungen Jahren in einen Betrieb eintreten und am Ende des Erwerbslebens aus demselben Unternehmen wieder ausscheiden, um in Rente zu gehen – gerät zu einem immer seltener werdenden Relikt vergangener Zeiten. Dagegen steigt die Anzahl derjenigen, die in ihrer Erwerbsbiographie vermehrt Brüche erfahren. Selbst bei denen, die „sicher" sind, entstehen trotzdem Abstiegssorgen und Statuskämpfe. „Sie steigern ihre Leistungsbereitschaft, arbeiten mehr und entgrenzter, verdichten ihre Tage, um rund um die Uhr produktiv zu sein, nehmen Stress und den Verlust von Work-Life-Balance in Kauf. Bildungsehrgeiz und Aufstiegsorientierung gelten als oberste Werte, die gesamte Lebensführung dient dem Projekt des Statuserhalts (ein Status, den man sich aber auch erst zunächst einmal erarbeitet haben muss).

In einem früheren Schülerleben begann mit den Zeugnissen die große Freiheit: zu genießen ohne Hausaufgaben und Kassenarbeiten. Im heutigen Arbeitsleben dagegen belastet die Technik eher mit ihren nie ruhenden E-Mail-Accounts: Menschen fühlen sich zur ständigen Erreichbarkeit verpflichtet. Die Grenzen zwischen privat und beruflich verschwimmen zusehends: denn das Handy ist eigentlich immer dabei und angeschaltet. Wenn die an Personen gestellten Anforderungen auf deren verfügbaren Ressourcen übersteigen, gibt es als Folge dieses Ungleichgewichtes Abnutzungserscheinungen. Auch ein Beruf, der richtig Freude macht, führt irgendwann zur Erschöpfung: chronischer Stress kann Reaktionszeiten, Gedächtnis u.a. in Mitleidenschaft ziehen. Einerseits veraltet manches Fachwissen dramatisch schnell (Halbwertzeit 1-5 Jahre), andererseits ermöglichen neue Medien, Wissen überall, stets und sofort abzurufen. Benötigt werden hierfür weitere Kompetenzen wie beispielsweise Medien- und Digitalkompetenz.

Unabdingbar ist eine neue Art des Lernens: sich eigenständig Wissen anzueignen, dieses zu bewerten, auf Problemstellungen anzuwenden und gefundene Lösungen auf neue Aufgaben zu übertragen. Akademische Fachkräfte können Handlungskompetenzen vor allem durch eine enge Anbindung an die Praxis erlangen. Besonders in der Digitalbranche verändert sich die Arbeitswelt rasend schnell: mancher arbeitet von zu Hause aus genauso selbstverständlich wie auf dem Weg zum Kunden in der Bahn (oder auch mal auf dem Balkon im Urlaub, wenn es das Projekt erfordert): heute ist Mobile Computing (fast) alles, ist einer der Treiber bei Veränderungen der Arbeitswelt. Viele Treffen, für die früher aufwendige (kostspielige) Reisen notwendig waren, können heute auch virtuell stattfinden (virtuelle Kooperation rückt näher an eine echte Begegnung). Um auf veränderte Marktbedingungen schnell reagieren zu können, konzentrieren sich Firmen verstärkt auf Kernfunktionen: je nach Bedarf können dann aber für ein Projekt Teams mit festangestellten Mitarbeitern und externen Experten gebildet werden. Diese Arbeitswelt deckt sich mit den Erwartungen (zeitliche, räumliche und inhaltliche Flexibilität) gerade von gut ausgebildeten, jungen Spezialisten. Diesen geht es weniger darum, die Arbeit nach einem festen Raster von der Freizeit zu trennen, sondern um die Möglichkeit, selbst bestimmen zu können (dürfen), wie Beruf und Privates jeweils ausbalanciert werden. Eine vielseitige Qualifikation der Mitarbeiter wertet gleichzeitig den einzelnen Arbeitsplatz auch durch Job-enlargement und Jobenrichment auf und verhindert, dass durch die Abwerbung von ausgebildeten Arbeitskräften durch nichtausbildende Unternehmen die Ausbildungserträge extern anfallen. Umso mehr die vermittelte Qualifikation unternehmensspezifisch ist, reduziert sich aber auch das Problem dieser externen Effekte (Verminderung der Fluktuationsrate). Messprobleme treten weiter dadurch auf, dass Produktivitätseffekte wie beispielsweise Loyalität, Leistungsmotivation, Teamgeist, Verbesserungsvorschläge oder verstärkte Innovationsorientierung sich oft nur längerfristig und nur in indirekter Form auswirken.

Zu den für die Qualifikationsbedarfsanalyse einzusetzenden Instrumenten zählen u.a. Arbeitsplatzanalyse, Anforderungsprofile, Mitarbeiterbeurteilungen und Qualifikationspotenziale. Manche der späteren Akademiker finden Gefallen an der Berufsform des Interim-Managements, d.h. einer Beziehung auf Zeit. Sie springen vor allem bei Unternehmen ein, wenn es dort brenzlig wird oder wenn es um ein klar definiertes, zeitlich begrenztes Projekt geht. Das macht die Aufgabe besonders spannend und ist in vielen Punkten den Beraterjobs sehr ähnlich. Die Motivation für viele Zeitmanager: die zeitliche Begrenzung eines Mandats macht sie unabhängiger von den Zulänglichkeiten des Alltags. Manager auf Zeit verfügen in der Regel über mehrjährige Führungserfahrungen. Besonders gefragt ist eine hohe Sozialkompetenz. Zu den klassischen Aufgabenfeldern zählen Krisensituationen, Vakanzüberbrückung, Projektmanagement, Informationstechnologie, Controlling, Rechnungswesen. Wer eine Führungsposition anstrebt, muss sich selbst gut kennen und sich regelmäßig einer selbstkritischen Prüfung unterziehen.

Es gilt, ein Bewusstsein davon zu erlangen, was einen selbst an einer bestimmten Situation unfroh macht und was man selbst dazu beitragen könnte, eine Situation anders zu sehen, ihr eine andere Bedeutung zu geben, sie zu verändern. In einer ungeschminkten Eigenanalyse sollte man versuchen, sein Inneres aufzudecken und sich neue Gedanken zu machen, zum Beispiel über seine Gefühle, seine Bedürfnisse, seine Motive und seine Ansichten. So manche meinen: Atemlosigkeit habe sich ihrer bemächtigt. Beschleunigung wird eher als Belastung empfunden. Der Kern liegt in den rasenden Fortschritten der Digitalisierung, die jede Form der Informationsbeschaffung und Informationsverarbeitung mit ungeheurer Schnelligkeit erlaubt. Allerdings sind mit diesen Errungenschaften aber gleichzeitig auch die Handlungserwartungen in die Höhe geschnellt: man kann und muss schneller reagieren, schneller entscheiden, sich schneller zurückmelden, schneller arbeiten und mehr Dinge in der gleichen Zeit erledigen. Beruflich und privat quasi in Echtzeit mit Reaktionszeiten, die gegen Null tendieren.

Die Innovationsverdichtung ist fortwährend auf Wachstum getrimmt. Mehr Lebenstempo verengt gleichzeitig Autonomiespielräume. Blicke hinter die Fassade belegen (nur allzu) oft, dass nur wenige Mitarbeiter eine hohe emotionale Bindung an ihren Arbeitgeber aufweisen und deshalb bereit wären, sich für dessen Ziele voll einzusetzen. Stattdessen: Dienst nach Vorschrift oder gar die innere Kündigung. Unglückliche Mitarbeiter vermiesen nicht nur sich sondern auch den Kollegen die Stimmung, sind mehr oder weniger immer auf dem Sprung und versuchen (im schlimmsten Fall) ihr Wissen bei der Konkurrenz unterzubringen. Offenbar scheint die Unzufriedenheit mit konventionellen Hierarchien ebenso groß zu sein wie das Bedürfnis nach alternativen Arbeitskulturen zuzunehmen scheint. wenn (zu) viele ihren Chef als zu streng, zu lasch empfinden, sich ausgebrannt fühlen, Beförderungen von Kollegen nur noch als ungerecht sehen können, alles in allem also kaum noch Spaß an ihrer Arbeit haben, so ist dies ein ernstes (Frühwarn-) Signal.

Wissensmanagement umfasst alle Maßnahmen, die auf eine Ausweitung von Wissen oder auf eine verbesserte Nutzung gerichtet sind. Denn im Unternehmen verfügbare Wissensbestände erfüllen nur dann ihren Zweck, wenn durch sie das Aufgabenspektrum im beruflichen Kontext besser gelöst werden kann, d.h. das Unternehmen ist nicht nur an positiven Wissenszuwächsen an sich, sondern vielmehr daran interessiert, dass dieses Wissen auch an den Arbeitsplatz transferiert wird. Hierbei geht es um die Frage, welchen Beitrag zum Unternehmenserfolg der Erwerb von zusätzlichem Wissen erbringt. Wissensmanagement soll die Problemlösungskapazität des Unternehmens aufgrund der vorhandenen Fähigkeiten und Praktiken erhöhen und durch gezielte Beeinflussung die Wissensbasis verbessern.

Zu den Gestaltungsfeldern des Wissensmanagements zählen Wissensziele, Wissensidentifikation, Wissensbewertung und -messung, Wissenserwerb, Wissensentwicklung, Wissensspeicherung/-bewahrung und Wissensnutzung und -verteilung. Zwar ist die digitalisierte, globalisierte Welt mittlerweile so differenziert und komplex, dass hierfür umso mehr individuelles, hochspezialisiertes Nischenwissen benötigt wird. Gerade im Beruf fällt es vor solchem dynamischen Grundrauschen schwer, vorausschauend zu planen und zu handeln. Wem also gehört die Zukunft? den Spezialisten ? den ganzheitlichen Generalisten? Für die Bewältigung vieler Probleme werden verschiedene Spezialisten (Wirtschaftsprüfer, Steuerberater, Rechtsanwälte, IT-Spezialisten u.a.) benötigt. Kleinere Optimierungsaufgaben können vielfach in Eigenregie bearbeitet werden. Für umfangreiche, komplexe Fragestellungen müssen meist (externe) Experten hinzugezogen werden.

Um ein solches Projektteam erfolgreich zu managen, braucht es dann doch eher eine Person mit mehr interdisziplinärer Ausrichtung. Jemand, der in der Lage und fähig ist, sich in unterschiedliche Disziplinen und mit ganzheitlichen Ansätzen in verschiedenste Situation hineinzuversetzen. Denn alle diese Spezialisten müssen koordiniert und gesteuert werden. Denn im Projektteam müssen individuelle Charaktere und unterschiedliche Persönlichkeiten zusammen arbeiten und auf einen gemeinsamen Nenner (Leitbild) eingestimmt werde. Um hierbei (oft nicht vermeidbare) Reibungsverluste möglichst gering zu halten sollte die Zahl der Ansprechpartner und Schnittstellen ebenfalls gering gehalten werden. Wobei man wieder beim Generalisten angelangt wäre. Für die interdisziplinäre Zusammenarbeit braucht es neben der als selbstverständlich vorauszusetzenden Sozialkompetenz noch weitaus mehr: einen Teamplayer mit einem hohen Maß an Offenheit für andere „Kulturen".

Dahinter steht auch mehr als nur der berühmte „Blick über den Tellerrand": unternehmerisches Gespür und eine (auch fachlich fundierte) Antenne für viele Teildisziplinen wirtschaftlichen Handelns (einschließlich analytische Methodenkompetenz). Hierfür braucht es nicht nur theoretisches Wissen, sondern auch viel praktische Erfahrung: ein Mix aus Analyse-, Konzeptions- und Umsetzungskompetenz. Für Berater zählt das Gespür, mit verschiedenen Kunden zusammenzuarbeiten und mit unterschiedlichen Arbeitsbedingen und Kulturen zurechtzukommen. Für das Gelingen einer Beraterkarriere sind solche Eigenschaften als sehr wichtig einzuschätzen und manchmal geradezu unabdingbar. Die Unternehmensberatung mit ihren Anforderungen ist hierfür ein ideales Trainings- und Bewährungsfeld: bei der vielen Beratungsprojekten eigenen organisatorischen Vielfalt können Berater nicht umhin, gerade solche Kompetenzen zu stärken. Arbeitsbedingungen verändern sich heute schneller denn je, Unternehmen stellen sich internationaler auf und kooperieren häufiger mit anderen. Also genau das Arbeitsfeld, das Berater tagtäglich anzutreffen gewohnt sind. Es kommt darauf an, unterschiedlichste Situationen rasch erfassen und verarbeiten zu können und gemeinsame Arbeitsweisen mit ständig wechselnden Mitarbeitern zu gestalten, ohne etwaige Frustrations- oder Bedrohungsgefühle aufkommen zu lassen. Und: in jeder Situation selbstreflexiv mit eigenem Verhalten und eigenen Emotionen umzugehen, in Gruppen zurechtzukommen, mit denen man nicht vertraut ist.

Auf die Dynamik eines sich laufend ändernden Umfeldes kann man sich am besten durch ein nach allen Seiten offenes System einstellen. Strategisches Denken ist daher einen fortlaufender Optimierungsprozess aus geistigen und kreativen Anstrengungen. Hierbei können nicht nur bestehende, sondern vor allem auch alle ansonsten potentiellen Chancen umfassend identifiziert und analysiert werden. Der Lohn ist nicht zuletzt auch mehr Entscheidungsfreiheit. Mit dem methodischen Ansatz einer hierfür zu entwickelnden Personalbilanz kann für die Chancen als

Grundlage des Erfolges ein Spiel der Möglichkeiten eröffnet werden. Der Schlüsselfaktor für die Zukunft ist ein proaktives Change Management, d.h. die Bereitschaft zur Veränderung von Spielregeln. Auch Startups können scheitern: ernüchtert oder gar verbissen. Und oft an ihrer eigenen Unfehlbarkeitsüberzeugung. Plötzlich sind sie verschwunden, die Welt dreht sich weiter wie zuvor. Nur macht jetzt eben ein anderer ihren Job. Nicht alle scheitern. Trotzdem sollten Startups die Möglichkeit eines Scheiterns mit einplanen. Denn manchmal kann es schnell gehen. Oder sie haben einfach nur Pech. Vielleicht ging ihnen aber auch irgendwann einmal der Realitätssinn verloren und sie haben mit ihrem Tunnelblick die Welt nur noch gefiltert wahrgenommen: Erfolge schreiben sie sich selbst zu, Misserfolge indes den Umständen.

In jedem Fall schmälert eine eingeschränkte Sicht der Dinge die Fähigkeit, aus Misserfolgen zu lernen. D.h. die notwendige Offenheit für eine nüchterne Ursachenanalyse. Denn „Scheitern ist die dunkle Schwester des Erfolgs. Ohne die Möglichkeit des Scheiterns wäre der Erfolg nicht wert". Wer sind die Gründer, die jungen Global Player, die unser aller Leben umkrempeln (wollen)? Ungefähr ein Drittel sind Notgründer, die zur Selbständigkeit keine bessere Erwerbsalternative hatten. Etwa jeder fünfte Gründer hatte andere finanzielle oder persönliche Motive. (Vgl. u.a. KfW-Gründungsmonitor). Viele Gründer, die sich für Berlin als den Standort ihrer Zukunft entscheiden. Ausgerechnet für einen Standort, an dem es vor nicht allzu vielen Jahren kaum noch Industrie gab. Nur Schulden und Menschen, „bei denen nie ganz klar war, ob sie gerade arbeitslos, in einer Schaffenskrise oder mit der Planung eines künftigen Projekts beschäftigt waren. Was florierte, war einzig der politische Betrieb, Lobbyisten, Anwälte, Verbandsleute, der minderproduktive Teil der Volkswirtschaft".

Bei ganzheitlicher (gesamtwirtschaftlicher) Betrachtung gibt es für Gründungstätigkeiten vor allem zwei Einflussfaktoren: die Konjunktur und die Arbeitsmarktentwicklung. *Konjunktur*: wirkt als „Pull-Faktor" auf das Gründungsgeschehen (eine gute Konjunktur „zieht" Erwerbstätige in die Selbständigkeit. *Arbeitsmarkt*: wirkt als „Push-Faktor" auf das Gründungsgeschehen (Erwerbsfähige bekommen durch negative Arbeitsmarktentwicklung einen Anstoß zur Selbständigkeit). Rationalere Entscheidungen bringen zumindest längerfristig gesehen mehr Vorteile.

Was aber ist nun rational und was eben nicht? Können hierfür eindeutige Kriterien vermessen werden? Und wenn - welche wie? Alleine die Bewertung des jeder Entscheidung direkt oder indirekt innewohnenden Risikos ist ein großes Problem: was dem einen noch als Haltung eines Sicherheitsfanatikers gelten mag, könnten andere bereits als Tun eines ‚Hasardeurs betrachten. Wer rational entscheidet, steht zumindest in der Welt der Finanzen auf der Gewinnerseite: so das Ergebnis einer Testreihe mit Probanden. Wer in experimentellen Test konsistente = rationale Entscheidungen treffe, würde vermutlich auch im realen Leben die besseren Entscheidungen treffen, d.h. Erfolg würde sich mit der Summe richtiger Entscheidungen einstellen. Die besseren Entscheider hätten also über einen längeren Zeitraum hinweg auch mehr Geld oder Vermögen auf ihrem Konto. Aber: nicht Reichtum macht schlau, sondern schlaue Leute werden reicher als die weniger guten Entscheider. Aber die Formel: Konsistente Entscheidungen = gute Entscheidungen = mehr Erfolg (Reichtum) mag zwar Tendenz und Richtung bestimmen, muss aber nicht für Eigenverleger in jeder Situation gelten: so dürfen denn auch Kriterien wie „konsistent" und „prinzipientreu" nicht mit persönlichen Eigenschaften wie etwa „wenig anpassungsfähig", „wenig flexibel" oder „wenig lernfähig" umgesetzt werden.

Themen-Leitfaden

Es wird ein neues Spiel gespielt: immer dann und dort, wo Zukunft gehandelt wird, geht es auch um Agilität - verändern müssen sich alle, doch nicht alle müssen alles verändern

Die eigene Kernkompetenz kennen und sich darauf konzentrieren - von entscheidender Bedeutung ist die Wahl der richtigen Technologien und Werkzeuge: es kommt darauf an, für ein bestimmtes Problem die passenden Werkzeuge aus dem Werkzeugkasten zu holen

In der Theorie der Wahrscheinlichkeiten geht es darum, was am Unvorhersehbaren formalisierbar und quantifizierbar sein könnte: im antiken Griechenland gab es hierfür extra den Gott Chaos, der das repräsentieren sollte, was nicht organisierbar ist

Für eine Sinnhaftigkeit und Wirksamkeit von Arbeit braucht es Anerkennung und Leistungsgerechtigkeit

Radikale Veränderungen sind im Gange, haben uns schon erfasst: nichts bleibt mehr so, wie es einmal war

Erschöpfungsindex zeigt Belastungen am Arbeitsplatz - obwohl die Verhaltensweisen der Mitarbeiter nicht eindeutig vorhergesehen werden können, lässt sich die Zahl der Abgänge anhand von Erfahrungswerten aus der Vergangenheit näherungsweise ableiten

Potenziale und Perspektiven glaubwürdig erkennen und anschaulich darstellen – u.a. in Form von Portfolio-, Ampeldiagramm- und Wirkungsnetz-Darstellungen

Prekäre Berufswelten: pendeln zwischen Erwerbsarbeit und Arbeitslosigkeit - Karrieren und Berufswege sind diskontinuierlicher geworden

Wer Karriere machen will, für den reicht reines Fachwissen in der heutigen Arbeitswelt oft nicht aus: gefordert werden neben Fach- und Methodenwissen vor allem auch Sozial-, Handlungs- und Persönlichkeitskompetenzen

Übergang zum Berufskosmos: in eine Welt, die ziemlich groß und komplex ist - Berufsplanung mit Eigenbildanalyse - sinnstiftende Fragen können helfen, die berufliche Situation klarer zu sehen

Arbeitsleben mit Beschleunigung, Verdichtung und abnehmenden Reaktionszeiten – Korrelationsanalyse zwischen Mitarbeiterzufriedenheit und Arbeitsergebnis

Arbeitszeit ist nicht nur auch (irgendeine) Lebenszeit, sondern eine wesentliche - also ein Hauptgrund dafür, dass man sich auch (oder gerade) an seinem Arbeitsplatz wohlfühlen sollte (muss)

Wissen manifestiert sich sowohl in internen Kommunikationsnetzwerken, dem „Unternehmensgedächtnis", als auch im Verbund mit externen Kooperationspartnern - Wissen manifestiert sich sowohl in internen Kommunikationsnetzwerken, dem „Unternehmensgedächtnis", als auch im Verbund mit externen Kooperationspartnern – wenn Wissenskrisen vielleicht auch Personalkrisen sind

Für Consultingfirmen steht bei der Suche nach High-Potentials interkulturelle Kompetenz ganz oben auf ihrer Wunschliste – für wissensintensive Berufsfelder ist die Beratungstätigkeit ein ideales Trainings- und Bewährungsfeld

Eine Personalbilanz kann als breite Kommunikationsplattform für Entwicklungsmaßnahmen eingesetzt werden und hierbei die Früherkennung künftiger Chancen und Risiken unterstützen – ein Generalist mit einem Mix aus Analyse-, Konzeptions- und Umsetzungskompetenz

In volatilen disruptiven Wirtschaftswelten muss ein Startup auch mit dem Risiko des Scheiterns leben - in einer Welt der Entscheidungen unter Unsicherheit schwächen durch Außerachtlassung von Möglichkeiten und Chancen verkürzte Szenarien die eigene Position

Knapp die Hälfte aller Gründer sind Chancengründer, die sich selbständig machen, um eine Geschäftsidee umzusetzen - Eigenverleger sollten bereits im Vorfeld Schieflagen und „worst-case"-Situationen begegnen, denn Strategie ist nicht alles, aber ohne Strategie ist alles nichts

Konsistente Entscheider sind die besseren und kumulieren mehr Vermögen - neben messbaren Personalfaktoren gibt es viele andere, sogenannte „weiche" Faktoren, die für den Erfolg einer Entscheidung ausschlaggebend sein können

Es wird ein neues Spiel gespielt: immer dann und dort, wo Zukunft gehandelt wird, geht es auch um Agilität – verändern müssen sich alle, doch nicht alle müssen alles verändern

Auch die digitale Zukunft ist ohne Agilität nicht zu gewinnen. Vor dem Hintergrund einer steigenden Innovationsgeschwindigkeit treten Technologien wie künstliche Intelligenz oder Robotik in direkte Konkurrenz zu den Menschen. Getrieben durch die Digitalisierung entsteht eine neue Infrastruktur des Wohlstands. Neue Wettbewerber treten in daten- und softwaregetriebenen Märkten (in denen alte Claims und Hoheitsgebiete nichts mehr zählen) auf den Plan. Immer mehr physische Produkte verwandeln sich in Software und Apps, ganze Wertschöpfungsketten lösen sich auf. Die entscheidende Frage ist nicht, wie Unternehmen technologisch auf diese neue Marktrealität reagieren, sondern mit welcher Kultur und strategischen Grundeinstellung. In Märkten mit evolutionären Ausleseprozessen hat Flexibilität Priorität: wer nicht auf der Höhe der Zeit ist, fällt dem „Digitalen Darwinismus" zum Opfer. Nicht immer die Stärksten und Größten überleben, sondern eher die Agilsten. Agilität steht für Gewandtheit und Beweglichkeit. Konkrete Erfolgsfaktoren sich hierbei: Risiken wagen, schnell entscheiden, aus Fehlern lernen, auf Kundenwünsche eingehen, übergreifend zusammenarbeiten, alle Mitarbeiter einbeziehen. Die einen (Unternehmen) treiben die rasante Entwicklung durch einen fortwährenden Strom an Innovationen, die anderen (Unternehmen) sind Getriebene und geraten unter Druck. Veränderungsnotwendigkeit kann aber auch schon dann bestehen, wenn die gegenwärtigen Ergebnisse (noch) stimmen, jedoch die Erwartungen für die Zukunft deutlich eingetrübt sind. Zu den alltäglichen Bedrohungen zählt auch der Innovationswettbewerb, der innerhalb der bestehenden Produkt- und Dienstleistungskategorien (eigentlich ständig) stattfindet. Manche Unternehmen müssen sich im Prinzip bereits schon deswegen verändern, um so zu bleiben (können), wie sie sind. Dagegen geht es beim Wettbewerb als Disruption nicht mehr (nur) um das Rennen um bessere Produkte, Preise und Qualität: vielmehr wird ein ganz neues Spiel gespielt.

So dringend die Veränderungsnotwendigkeit (oder der Wunsch nach Veränderung) auch sein mag: Veränderungsprogramme dürfen nicht ohne klare Richtung aufgesetzt werden. In jedem Fall sollte man immer die (noch) guten Zeiten nutzen (auch wenn der Rückenwind des Leidensdrucks noch nicht merkbar eingesetzt hat). In der Regel bewegen sich die Veränderungsbemühungen zwischen zwei Extremen (Welten): entweder man erstarrt in Trägheit und verpasst es, Veränderungen rechtzeitig auf den Weg zu bringen. Oder: man begibt sich in (manchmal gefährlichen) Aktionismus. Manchmal ist ein Unternehmen zu sehr in seinem Blick auf bestehende Geschäfte, Technologien oder Kunden gefangen. Das „Gefangensein" in der eigenen Erfahrung bewirkt dann manchmal einen Mangel an kreativen (disruptiven) Ideen. „Die Angst vor Kannibalisierung, die bestehenden Incentive-Systeme, der Widerstand der existierenden Organisation an sich, all dies hat extrem gute Karten, Veränderung zu verhindern. Oft sind auch zahlreiche Baustellen gerade aufgerissen worden, wenn das Spiel schon wieder von vorne beginnt, das Veränderungskarussell sich zu drehen beginnt (oder immer weiter dreht). Mögliche Gefahren: zu viele Strategieinitiativen gleichzeitig, ein Initiativenchaos ohne Überblick, mangelnde Koordination, Burnout betroffener Mitarbeiter. D.h., eine Rolle spielt auch das Veränderungsklima. Es geht um eine Kultur der Kreativität und eine Atmosphäre ohne Angst und Druck. Das Unternehmen darf sich nicht zu einer gestressten Organisation entwickeln und muss immer über ausreichende Managementkapazität als kritische Ressource verfügen.

Meinungs- und Leistungskonformität im Sog der Anerkennungsdynamik: Berufseinsteiger tauchen in die für sie noch neue Welt der Arbeit ein: in jenes sonderbare Gefüge mit geschriebenen und ungeschriebenen Gesetzen, mit offiziellen und inoffiziellen Hierarchien, mit Chefs- und Unter-Chefs und so fort. Der Berufseinsteiger in seiner Anfangszeit ist ein Unwissender unter Wissenden, der kennt (noch) nicht die geheimen Verästelungen der Macht, wer mit wem und warum, was gar nicht geht. Ohne Anpassung in diesem Labyrinth ist die Gefahr des Scheiterns groß. Und schon beginnen sie ihr Werk: die Mechanismen der Anpassung. Die Arbeit verändert den Menschen und mancher Bekannte oder Freund beklagt: Er ist nicht mehr der Alte, der Beruf färbt ab. Die Vermutung liegt nahe: ein Chamäleon wird den Aufstieg eher schaffen als ein Einzelgänger. Gerade in Organisationen mit flachen Hierarchien und dem Schwergewicht auf Teamarbeit wird der Druck auf Meinungskonformität noch durch den Druck auf Leistungskonformität enorm verstärkt.

Meinungen und Normen nicht zu teilen aber schweigend akzeptieren zu müssen, erzeugt Stress: den Angepassten droht der Burn-out.

Mit der Entgrenzung der Arbeitswelt, d.h. den sich auflösenden Grenzen zwischen öffentlichem und privatem Leben, wird gleichzeitig auch die emotionale Vereinnahme des Einzelnen immer intensiver. Alle sich duzend und (scheinbar) immer auf Augenhöhe gerät man nur allzu schnell in einen Sog der Anerkennungsdynamik. Im Hintergrund lauert auch immer die Abstiegsangst, die Angst zu versagen und ohne Umkehrchance auf einem Abstellgleis zu landen. Da es ohnehin meist bequemer und finanziell günstiger ist, seine Einstellungen dem Handeln anzupassen, kommt es gewissermaßen zwangsläufig zu einer Veränderung der Persönlichkeit. Im positiven Fall ist dies eine Weiterentwicklung, im negativen Fall eine Deformation. Die Frage stellt sich, ob man in einem solchen schwierigen Umfeld seinen alten Haltungen, Meinungen und Einstellungen überhaupt treu bleiben kann? Man kann, muss aber hierfür meist einen (hohen) Preis zahlen. Man muss selbstbewusst genug sein, um auch einmal ein Abstellgleis ertragen zu können. Weiter unten in der Hierarchie ist man dazu gegen allzu große Identifikation mit der Arbeit am ehesten immunisiert. Es soll allerdings auch Firmen und Chefs geben, die ganz bewusst gerade Personen schätzen, die auch als advocatus diaboli einmal kritisch Gegenpositionen einnehmen und deshalb noch nicht als schrullige Außenseiter belächelt oder abgetan werden.

Erweiterung des eigenen Horizonts - exzellente Schafe statt Selber-Denken: von einem Professor wurde einmal die (provozierende) These vertreten, dass (amerikanische) Eliteuniversitäten vor allem beschränkte Konformisten heranzüchten würden. Statt sich im Selber-Denken zu üben würden Studenten im Punkte-Sammel-Wahn den eigentlichen Kursinhalten kaum noch mit tiefergreifendem Interesse begegnen. Also entgegen einem Bildungsideal, demgemäß eine Universität zum Denken erziehen soll, zum kritischen Hinterfragen von Werten und Idealen. Es ist durchaus nicht neu, dass Unternehmen fordern, mehr junge Leute müssten mathematische und/oder naturwissenschaftliche Fächer studieren, Ingenieure werden. Fragt sich nur, ob und wie Studenten auch ohne nachzufragen bereit sein werden, durch die ihnen vorgehaltenen Reifen zu hüpfen. Oder sich lieber den Luxus alter Zeiten gönnen, sich Zeit zu nehmen für die wichtigen Fragen des Lebens. Welches Gewicht sie zwischen Schulabschluss und Berufseinstieg der Frage zu späterer Verwertbarkeit von Studieninhalten beimessen. Wie wichtig für sie die Erweiterung des eigenen Horizonts ist.

Eliteuniversitäten stehen an der Spitze des Bildungssystems, die an ihnen zugelassenen Studenten sind die privilegiertesten der Privilegierten. Studenten der Eliteuniversitäten haben einen meist nervenaufreibenden Hürdenlauf hinter sich. Um dorthin zu gelangen, wo es ihnen dann letztlich gelungen ist, musste vielleicht eine Mentalität entwickelt werden, die einer tiefergehenden Charakterbildung nicht förderlich wäre. Die Angst, ins Hintertreffen geraten zu können, befördert das Sammeln von Leistungsnachweisen. Auch (oder gerade) in einer globalisierten Arbeitswelt sind hoch bezahlte und dazu attraktive Stellen rar. Statusängste erzeugen Druck, den eigenen Wert unter ständiger Beobachtung demonstrieren zu müssen (zu wollen). Die Fokussierung von Eliteabsolventen auf Unternehmensberatungen und Finanzdienstleister ist ein äußeres Erscheinungsbild dieser Entwicklung. Die Allokation von Humankapital im „Goldsternchen" im Lebenslauf konzentriert sich auf eine kleine Zahl von Stellenangeboten. Charakterbildung und soziale Kompetenzen aber gehen weit über die Leistungsmessungen der Universitäten hinaus. Wer sich nur auf das konzentriert, was sich exakt messen lässt, verpasst möglicherweise das Beste, was ein Universitätsstudium bieten kann, u.a. Selbsterkenntnis und Selbstfindung, Wahlmöglichkeiten zahlreicher Themenfelder, Engagement jenseits von Stundenplänen, typisches Campusleben etc.

Die eigene Kernkompetenz kennen und sich darauf konzentrieren - von entscheidender Bedeutung ist die Wahl der richtigen Technologien und Werkzeuge: es kommt darauf an, für ein bestimmtes Problem die passenden Werkzeuge aus dem Werkzeugkasten zu holen

Wir sind längst in der Zukunft angekommen: der Tagesablauf kann rund um die Uhr und bei immer mehr Tätigkeiten digital unterstützt werden. Immer mehr Arbeits- und Lebensbereiche werden digital unterstützt oder gar gesteuert: seine Smartwatch weckt ihn heute eher, denn laut seinem Kalender weiß sie, dass er heute einen Kundentermin hat und dass er aufgrund der Verkehrssituation heute zeitiger losfahren muss. Das System fragt Produktverfügbarkeiten ab, fragt beim Auftragsmanagementsystem die anstehenden Aufträge ab, beschafft sich Erfüllungsorte sowie Verkehrs- und Routeninformationen, fragt im Lager die notwendigen Ersatzteile an oder lässt diese bestellen Und am Abend erinnert ihn seine Smartwatch an sein Bewegungsdefizit und fordert zur sportlichen Betätigung auf. Beim Sport sammelt sie Daten und wertet seine Fortschritte aus. Beim Verlassen des Fitness Studios erinnert ihn seine Smartwatch daran, wo er dieses Mal sein Auto abgestellt hat und weist den Weg dorthin. Es stellt sich schon nicht mehr die Frage ob, sondern nur wie man sich mit solcher Thematik auseinandersetzt.

Innovation ist eine unabdingbare Kraft: will man eher Jäger oder ehr Beute sein? Aus der Vergangenheit lassen sich viele Beispiele dafür anführen, wie man zur Beute wird, wenn man Technologietrends nicht ernst nimmt oder verschläft (Kodak,

Nokia u.a.). Wer stehen bleibt, wird vom Jäger zur Beute. Von entscheidender Bedeutung ist die Wahl der richtigen Technologien und Werkzeuge. Es kommt darauf an, für ein bestimmtes Problem die passenden Werkzeuge aus dem Werkzeugkasten zu holen. Nicht erst seit der digitalen Transformation ist es wichtig, die eigene Kernkompetenz zu kennen und darauf zu konzentrieren. Während beispielsweise im Maschinenbau die Software früher nur ein kleiner Produktbestandteil war, wird diese jetzt immer mehr zum entscheidenden Differenzierungsmerkmal: die Verschiebung in die digitale Welt ist auch eine Verschiebung der Kernkompetenz.

Fortsetzung der Evolution mit den Mitteln der Technik: es gibt bereits Vorboten einer Welt, in der Technik und Körper verschmelzen. Unter der Rubrik Haustierbedarf gibt es Chips als handelsübliche Ware, die Veterinäre Katzen ins Fell spritzen (eine Weiterentwicklung der am Halsband getragenen Marken). Auch beim Menschen haben Fortschritte in der Medizin dafür gesorgt, dass Technik und Körper in der Realität bereits auf vielfältige Weise eng verbunden sind:"Mikrochips im Innenohr lassen Taube wieder hören. Gehirnimplantate sollen mit elektrischen Impulsen Gedächtnislücken schließen. Amputierte Leichtathleten können mit Prothesen aus Karbonfedern schneller laufen als ihre Konkurrenten ohne Behinderung". Philosophisch betrachtet, sprechen manche von einer Fortsetzung der Evolution mit den Mitteln der Technik: „Transhumanisten nennen sich die Leute, die darin die Zukunft der Menschheit sehen. Am Ende könnte das zu neuen Formen der künstlichen Intelligenz führen, zur Lösung von Körper und Geist sogar". Menschliche Wahrnehmungen werden um zusätzliche Arten von Sinneswahrnehmungen erweitert.

Kommunikation im Beruf: durchschnittlich prasseln auf einen Menschen bis zu seinem vierten Lebensjahr etwa 45 Millionen Wörter ein: wenn er denn in einer wohlhabenden und gebildeten Familie aufwächst. In weniger privilegierten Familien wären es immerhin noch etwa 13 Millionen Wörter. Als Erwachsene redet man durchschnittlich 6.000 Wörter pro Stunde. Ein Großteil dieser Kommunikation findet im Beruf dann im Arbeitskontext statt. Ein Büroarbeiter schreibt durchschnittlich etwa 600 E-Mails pro Monat (zusätzlich 20 Textdokumente und Präsentationen). Das flexible Arbeiten unabhängig von Zeit und Ort produziert (manchmal nur schwer zu bewältigende) Textberge. Auch in Berufen, die eher weniger mit Sprache zu tun haben, muss mittlerweile viel geschrieben werden (beispielsweise im Kontext technischer Texte oder Dokumentationen). Dabei können Computerprogramme nicht nur Textbausteine liefern, sondern auch bei Korrekturen von Rechtschreibfehlern oder Übersetzungen in andere Sprachen helfen. Nicht ganz von der Hand zu weisen, dass Menschen in ihrer Sprach- und Schreibkompetenz nachlassen, wenn ihnen Maschinen (fast) alles abnehmen. Beispiel: Studienanfänger mit immer geringeren Grammatik- und Rechtschreibkenntnissen. Das Thema Sprache im Beruf ist facettenreich und komplex. Es geht u.a. um: Rhetorik, Fremdsprachen, Programmiersprachen, Übersetzen und Orthographie.

Datenmeere für die Analyse, Vorhersage und Umformung: an den Ufern neuer Datenmeere stehend wäre es wohl zu einfach, diese (nur weil man deren Bedeutung und Umfang nicht versteht) einfach als zukünftige Ordnung aller Dinge zu akzeptieren. Die kommerzielle Verwertung des Wissens über gegenwärtiges Verhalten breitet sich weiter aus bis hin „zu einer Beeinflussung und Umformung entstehenden Verhaltens", um zukünftige Einkommensquellen zu erschließen. Jedes Glied der Wertschöpfungsketten soll durch Analyse, Vorhersage und Umformung zu Geld gemacht werden. Telefone, Überwachungskameras, Satelliten, Datenbanken (Staat, Banken, Auskunfteien, Kreditkarten- und Telekommunikationsunternehmen, usw. usw.) generieren ständig neue und breitere Datenströme. Experten sprechen von im flüchtigen Alltag fortlaufend abgeschöpften „Datenabgasen", Datenschnipseln aller Online-Aktivitäten: alle jene Google-Suchen, Twitter-Nachrichten, E-Mails, Texte, Fotos, Lieder, Videos, Aufenthaltsorte, Bewegungen, Einkäufe, Klicks und Seitenaufrufe werden (als Ausbeutung immensen Ausmaßes) eingefangen, abstrahiert, analysiert, aggregiert, verpackt und verkauft. Die Abschöpfung riesiger Datenmengen („das Internet von Allem") findet unsichtbar, unerkennbar (quasi als Geheimoperation) und ohne jedes Einverständnis der eigentlichen Eigentümer dieser Daten statt.

Das Netz bestimmt den Takt – dienen und verdienen: ein immer größerer Teil der Wertschöpfungsketten verlagert sich ins Netz: „alles hängt am Netz und bewegt sich in seinem Rhythmus". Kaufhäuser verschwinden aus Innenstädten, mit ihnen gleichzeitig auch zahllose Haushaltswarengeschäfte, Buchhandlungen und vieles mehr. Das Netz ist bei vielem billiger und viel bequemer: Netz-driven Geschäftsmodelle wollen sich als dienstbare Geister unentbehrlich machen, durch Dienen verdienen, vielleicht auch herrschen. Mit den Gesten von Wohltätern entwickelt sich eine kommerzielle Infrastruktur, „die das Gemeinwohl ins Schaufenster stellt". Einst wurde das Netz als transparenter, chancengleicher Raum erhofft: im Rahmen grenzüberschreitender Marktfreiheit ist hieraus längst eine asymmetrische, von Internet-Multis beherrschte Veranstaltung geworden, Transportdrohnen im Luftraum sind längst keine Utopie mehr. Das Vernetzungspotenzial des Alltagslebens scheint dabei noch lange nicht ausgeschöpft: es dehnt sich weiter aus in Richtung Life Sciences, Medizintechnik, Verkehrslenkung, digitaler Verwaltung oder automatisierten Dienstleistungen und Robotisierung. Nach der Uhr am Arm für Gesundheits- und Fitnesszwecke scheint es nur noch ein kurzer Weg bis zum Chip im Körper, der dort eine stetige Vermessung aller Funktionen wahrnimmt. Das vernetzte Auto ist hiervon bereits der erste Vorbote. Aus „smarten" Alltagsgegenständen sammeln Multis Daten in unvorstellbaren Mengen, haben für sich und wohl auch den Staat bereits viele Ideen für deren weitere Nutzung parat.

In der Pipeline sind bereits sehr konkrete Ideen, die auch vor dem Hintergrund der immer wieder propagierten Wohltätigkeit noch bedrohlich wirken und Angst einflössen können, zumal kaum noch ein Mensch die Datensammlungen noch zu überblicken vermag. Eine Überwachung ganzer Lebensbereiche mit ungezügelter Datenpreisgabe würde wohl das Ende der informationellen Selbstbestimmung bedeuten. Datenmultis haben Daten zum Abfall ohne Wert erklärt, der auch ohne Zustimmung des Nutzers enteignet werden dürfe. Die neuen Datengüter der Netzwirtschaft werden durch Überwachung produziert, Nutzer zu unbezahlten Arbeitskräften (Ehrenamtliche oder Zwangsarbeiter ?) gemacht. Die akkumulierten Datenströme beginnen, ihre eigene Logik zu entwickeln und zu befolgen. Gerichtliches Vorgehen gegen eine Sache, die bereits real ist, hat meist nur (wenn überhaupt) eine aufschiebende Wirkung und kann gewisse Praktiken für eine beschränkte Zeit unterbinden (abschwächen). Mit der von vielen verlangten Verschlüsselung von Daten wird eigentlich nur die Realität eines Sachverhaltes anerkannt, dem man eigentlich zu entfliehen hofft.

Eine wichtige (vielleicht entscheidende) Frage diesbezüglich wäre: warum eigentlich stößt dieses Internet von Allem auf so wenig Widerstand ? Sind es wirklich nur die vielen damit erreichbaren kleinen, Kostenfreiheit suggerierenden Annehmlichkeiten? Oder ist es (vielleicht noch wahrscheinlicher) die (mehr oder weniger unbedarfte) Bewunderung der Autorität von angeblich allwissenden Experten? Dass nämlich genau nur diese über die Notwendigkeit für soziale und technologische Teilhabe zu befinden hätten? Solche Konzentration an informationeller Macht schafft den Eindruck von Alternativlosigkeit: „diese Asymmetrie im Verstehen ist ein Erklärungsfaktor" für das, was geschieht. Es gibt wohl starke und mächtige Interessen, diesen Zustand zu nutzen und alles dafür zu tun, ihn zu erhalten (wenn möglich, zu verstärken). Nirgendwo steht geschrieben, dass dieser asymmetrische Zustand im Verstehen der einzige und tatsächliche Weg in eine digitale Zukunft sein muss: Anstrengungen im ganzheitlichen Denken könnten so manches korrigieren (verhindern).

Mit anderen Controllingperspektiven kompatibel sein: zu den Aufgaben des Personalcontrolling zählt, Personalplanung und -kontrolle aufeinander abzustimmen. Hierbei muss darauf geachtet werden, dass die Kompatibilität der Personalplanung mit den anderen Teilplanungen (Absatz-, Fertigungs-, Beschaffungs-, Investitions-, Finanzplanung) sowie der Unternehmensgesamtplanung sichergestellt wird. Das Personalcontrolling muss Umweltveränderungen im Personalbereich frühzeitig erkennen und hierfür geeignete Anpassungsstrategien entwickeln. Dazu müssen Instrumente erarbeitet werden, die eine Abschätzung der Wirkungen der Personalarbeit auf die Erreichung der Erfolgsziele ermöglichen. Da der Personalbereich stark durch Gesetze, Rechtsprechung, Tarifverträge, Betriebsvereinbarungen u.a. geprägt und reglementiert ist, müssen die Instrumente des Personalcontrolling sehr flexibel gestaltet werden. Ein effektives Personalinformationssystem ist für viele Unternehmenszwecke von entscheidender Bedeutung, weil dieses über die Qualität der aus den Ausgangsdaten hergestellten Personalinformationen entscheidet. Die gewählte Datenhaltung sollte ermöglichen, nicht nur zeitpunktbezogene Zustände, sondern auch Bewegungen und Veränderungen abzubilden. Die Informationsfunktion des Personalcontrolling umfasst u.a. Definition (Inhalt, Struktur,

Empfänger und Periodizität) benötigter Auswertungen (einschl. Erstellung, Kommentierung und Verteilung), Zusammenstellung und Aufbereitung der Datenbasis, anforderungsweise Durchführung von Analysen. Eine Hauptfunktion des Personalinformationssystems besteht darin, zielgerichtet und entscheidungsunterstützend Daten zu selektieren und aufzubereiten.

Personalbedarfsrechnung: zur Ermittlung der Zeit, die zur Produktion einer Gütermenge notwendig ist, wird der Arbeitsablauf zunächst in einzelne Arbeitsgänge zerlegt sowie dann die Qualifikation festgelegt, die für die Ausführung dieser Arbeitsvorgänge notwendig ist. $P_b = ((t_r + (m \times t_e)))/ L_t) / Z_e$. ($P_b$ = Personalbedarf, t_r = Rüstzeit, t_e = Zeit je Einheit, L_t = tatsächlicher durchschnittlicher Leistungsfaktor, Z_e = Zeitdauer, die eine Arbeitskraft effektiv verfügbar ist). Der Brutto-Personalbedarf kann anhand folgender Formel ermittelt werden: Brutto-Personalbedarf = (Einsatzbedarf + Reservebedarf) - (Personalbestand zum Planungszeitpunkt - voraussichtliche Abgänge + voraussichtliche Zugänge) = Netto-Personalbedarf. Der Einsatzbedarf für Personal ist abhängig von Faktoren wie Absatzplan, Produktionsplan, Tarifvertrag u.a.: Einsatzbedarf = (Arbeitsmenge x Zeitbedarf pro Arbeitsvorgang)/ übliche Arbeitszeit pro Arbeitskraft.

Planung und Berechnung des Reservebedarfs: wird der Einsatzbedarf sehr knapp berechnet, würden Personalausfälle zusätzliche Belastungen der übrigen Mitarbeiter, ungeplante Überstunden oder Produktionsverzögerungen zur Folge haben. In den

Reservebedarf sollten deshalb insbesondere auch Abwesenheiten eingeplant werden.

In der Theorie der Wahrscheinlichkeiten geht es darum, was am Unvorhersehbaren formalisierbar und quantifizierbar sein könnte: im antiken Griechenland gab es hierfür extra den Gott Chaos, der das repräsentieren sollte, was nicht organisierbar ist

Die nicht vorhandene, unsichtbare Wahrnehmung wird gefühlt durch die Maschine Zufall ersetzt. Am Anfang steht das Unbekannte, Unzugängliche. Um von der Unsicherheit zum Zufall zu gelangen, muss der Blick innehalten, muss einen in Erstaunen versetzen. Außerhalb der gelebten Wirklichkeit gibt es keinen Zufall. Mit dem Bild des Zufalls wird versucht, die Wirklichkeit begrifflich zu erfassen, sie irgendwie begreiflich zu machen. So soll der Zufall eine Vorstellung vermitteln, ohne etwas der sinnlichen Wahrnehmung oder der reinen Intuition verdanken zu müssen. Der Zufall eröffnet uns eine Welt der Möglichkeiten. Wie das Universum selbst, scheint diese (fast) unendlich. „Die erste Regel der Wahrscheinlichkeiten lautet, dass die Wahrscheinlichkeit eines Ereignisses die Summe der Wahrscheinlichkeiten aller Möglichkeiten ist, die es realisieren".

Hard facts, ein Resultat der „soft facts"- allerorten herrschen Zahlen: quantifizierendes Denken steht so sehr im Vordergrund, dass manchmal qualifizierende und erfahrungsorientierte Analysen kaum mehr durchzudringen vermögen. Die Digitalisierung auf der technologisch-ökonomischen Ebene (Informationsfluss in Echtzeit über jeden Raum hinweg) kreiert ein Paradigma der Machbarkeit. Da diese auf regelhaften Wirkungsverhältnissen beruht, wird vor diesem Hintergrund meist nur mit quantifizierenden Argumentationsweisen gearbeitet. Die Berechenbarkeit der Welt scheint möglich: finanzmathematische Modelle gewinnen Oberhand über das erfahrungsgestützte Urteil des Bankiers oder Kaufmanns. In der Welt der Zahlen aber scheint alles möglich und nichts mehr gewiss. Experten können zwar alles und jedes in der objektiven Welt mit Zahlen belegen und erklären. Und trotzdem erscheint die Welt unserer Erfahrungen oft chaotisch, verwirrend, zusammenhanglos. An die Stelle von ehemals Ganzheit tritt zunehmend das Gefühl der „Zersplitterung". Die Vielfalt der Möglichkeiten in einer zunehmend unübersichtlichen Realität hat manchmal ein Defizit an Orientierung.

Die Welt der Zahlen verspricht Reduktion von Komplexität: quantifizierender Objektivitätsersatz entlastet vordergründig von Fragen nach dem Sinn und neutralisierte das Hinterfragen nach falsch und richtig. In der Wissensgesellschaft werden beliebig berechenbare Grundlagen der Urteilsbildung quasi frei Haus geliefert (nie wussten Gesellschaften so viel über sich selbst wie heute). Statistische Daten sind jedoch nicht naturgegeben, sondern von Menschen gemacht: ihnen liegen Interessen und Prämissen zugrunde. Zahlen können deshalb nur in Verbindung mit qualifizierenden Argumenten zu sinnvollen Erkenntnissen führen. „Fragen von falsch und richtig lassen sich nicht allein mit Modellen und Zahlen beantworten, sondern nur in Verbindung mit Urteilskraft, Erfahrung und praktischer Vernunft". Die Wirtschaftswelt besteht nicht nur aus quantifizierten Fakten. Auch wenn Umsatz- und Ertragszahlen, die sogenannten „hard facts" dominieren, sind diese zumeist ein Resultat der „soft facts".

Wird beispielsweise auf Grundlage der hard facts ermittelt, dass das Produkt x seltener verkauft wurde, die Key-Accounter weniger Abschlüsse erzielen, die Fluktuation gestiegen ist, die Schlagkraft der Vertriebs weniger geworden ist, hat man damit noch keineswegs die Fragen nach den Ursachen hierfür beantwortet. Vielleicht liegen die Gründe tiefer, etwa der geringeren Zufriedenheit und Motivation der Mitarbeiter. Weil diese sich aufgrund veränderter Rahmenbedingungen weniger mit dem Unternehmen und seinen Produkten identifizieren. Oder; diese frustriert sind, weil von ihren Vorgesetzten keine Anerkennung erfahren. Oder: diese sich überfordert fühlen.

Daran wird deutlich: wer „hard facts" beeinflussen will, muss sich hierfür oft mit „soft facts" befassen, d.h. beispielsweise: welche Kommunikations-, Kooperations- und Entscheidungsmuster prägen die Unternehmenskultur? welche Vorstellungen gibt es, wie Veränderungen funktionieren? welche Werte werden Mitarbeitern vorgelebt? welche Denk- und Verhaltensmuster sind hinderlich für den Erfolg? wie werden Mitarbeiter motiviert? wie zufrieden sind Mitarbeiter? welche Freiräume gibt es für eigenverantwortliches Handeln? wie werden Mitarbeiter so von Firmenzielen überzeugt, dass sie sich mit diesen identifizieren (können)? welche Entscheidungsmuster prägen das Tagesgeschäft?

Mit Simulations- und Analystechniken schnelle Entscheidungen treffen: Unternehmen bewegen sich in dynamischen Märkten und müssen dementsprechend ihre Strategien und notfalls auch das Geschäftsmodell fortlaufend prüfen und gegebenenfalls den veränderten Umfeldbedingungen anpassen. Veränderungsprozesse erfordern Fähigkeiten im Projekt- und Konfliktmanagement sowie Kommunikationskompetenzen (um Akzeptanz als Coach zu erlangen). Zu den herausragenden Eigenschaften erfolgreicher Unternehmen zählen daher Kreativität, Kundennähe oder auch Reaktionsschnelligkeit. Erfolgreiche Unternehmen treffen schnelle Entscheidungen, erproben ihre Wirkung und nehmen, wenn nötig, genauso schnell Kurskorrekturen vor. Es gilt sich darauf einstellen, mit höherer Geschwindigkeit agieren zu müssen. Dabei können intelligente Simulations- und Analysetechniken unterstützen. Beispielsweise, um Korrelationen zwischen scheinbar nicht zusammen hängenden Informationen zu identifizieren und Muster zu erkennen, die sonst kaum nachzuvollziehen wären. Erfolgreiche Unternehmen stellen ihre Organisation und ihr Geschäftsmodell relativ häufig auf den Prüfstand und sind eher bereit, das Wagnis von Veränderungen einzugehen. Dabei verfolgen sie konsequent auch manchmal radikale Veränderungen. Sowie Vereinfachungen, sowohl in ihren Produkten als auch in ihren Prozessen und Strukturen. Erfolgreiche Unternehmen streben öfter als andere eine stärkere Flexibilisierung ihr Kosten an und erhöhen damit ihre „Atmungsfähigkeit" im Falle von Beschäftigungsschwankungen und Marktveränderungen. Die entscheidende Grundlage für Innovationen und die Fähigkeit, sich neu zu erfinden, ist ein hohes Maß an Kreativität. Erfolgreiche Unternehmen unterstützen daher konsequent Mitarbeiter, die den Status quo immer wieder hinterfragen. Hinsichtlich Führungsstil geht Überzeugungskraft vor Anordnen und Kontrollieren.

Indikatoren Personalbeschaffung: von Bedeutung ist u.a. die richtige und rechtzeitige Anpassung der Personalstruktur bei einem geänderten Produktportfolio sowie der zukünftige Einfluss der Altersstruktur auf Personalbewegungen (Zu-, Abgänge). Aufgabe der Personalbeschaffung ist, das Eignungspotential von Bewerbern festzustellen, um diejenigen auszusuchen, die die Anforderungen der zu besetzenden Stelle bestmöglich erfüllen. Da die Inanspruchnahme von Beschaffungswegen, wie z.B. Zeitungen, Kosten verursacht, ist deren Kosten-Nutzen-Relation festzustellen. Die Effizienz der einzelnen Beschaffungswege lässt sich durch Anzahl der Bewerbungen bzw. Vorstellungen bzw. Einstellungen pro Beschaffungsweg ausdrücken. Durch permanente Überwachung des Bewerbungseingangs, z.B. auf Anzeigen in verschiedenen Zeitungen, kann festgestellt werden, wo es sich lohnt, Suchanzeigen zu schalten und wo nicht. Weitere Einflussfaktoren für den Erfolg der Personalbeschaffung sind die Gestaltung der Anzeige, die Arbeitsmarktsituation, Ruf des Unternehmens und Zufall. Die Höhe der Personalbeschaffungskosten hängt neben der Art und Intensität des erforderlichen Auswahlprozesses auch stark von der jeweiligen Arbeitsmarktlage und den Wohnorten der Bewerber (Reisekosten) ab.

Die einzelnen Teilfunktionen des Personalcontrolling können - ausgerichtet auf ihre jeweils spezielle Zielsetzung- für ihre Aufgabe bestimmte Indikatoren ableiten. Die Analyse der Entwicklung dieser Indikatoren im Zeitablauf ermöglicht im Sinne eines Frühwarnsystems das rechtzeitige Erkennen von Sollzustand-Abweichungen. Indikatoren der Personalbeschaffung sind u.a.: Verbesserung der Bewerberqualität, Reduzierung der Beschaffungskosten, Anzahl Einstellungen ohne Anzeige, Anzahl Bewerbungen ohne Anzeige, Beschaffungskosten pro Einstellung, durchschnittliche Dauer der Stellenbesetzung, Anfangsfluktuation, Probezeit-Beurteilungen, Kosten und Dauer der Einarbeitung. Wichtig sind u.a. Effizienz-Kennzahlen wie beispielsweise die Anzahl Bewerber pro angebotene Stelle: eine im Verhältnis zu vergleichbaren Unternehmen niedrigere Anzahl von Bewerbern kann auf eine niedrigere Attraktivität des Unternehmens oder einen zu niedrigen Bekanntheitsgrad zurückzuführen sein. Niedrige Vorstellungsquoten müssen daher auch als Frühwarnsignale auf ihre Ursachen hin untersucht werden.

Strategisches Gespür für Eigendynamik und Undurchsichtgkeit einer Entscheidungssituation: Eigendynamik einer Situation bedeutet, dass sich die Dinge auch ohne steuernde Eingriffe von außen selbständig entwickeln können und nicht unbedingt von einem Problemlöser oder Entscheider abhängen. Dadurch bedingt ist eine nur begrenzte Verwertbarkeit von Handlungskonzepten. D.h. auch in der Vergangenheit bewährte Konzepte können nur bedingt auf eigendynamische Situationen übertragen werden. Eine Situation ist undurchsichtig, wenn die ihr innewohnenden Entscheidungsvariablen und Einflussfaktoren nur unscharf sichtbar gemacht und zugeordnet werden können. Diese Intransparenz ist meist eine Folge von fehlenden oder unzureichenden Informationen. So kann es sein, dass dann Entscheidungen nur auf der Basis von Stellvertreterinformationen und Symptomen getroffen werden können (Bauchentscheidungen).

Die Wahrscheinlichkeitsabhängigkeit einer Situation bedeutet, dass Zusammenhänge und Verknüpfungen nur an der Oberfläche erkennbar sind und ihre Ursachen und Auswirkungen nach statistischen Gesetzmäßigkeiten zu erwarten sind. D.h. Entscheidungen sind in dieser Situation mit einem bestimmten Risiko (Wirkungsunsicherheit) behaftet. Nachhaltiger Erfolg wird sich nur dann einstellen, wenn man sich den Problemen der Komplexität, Dynamik und Vernetzung einer Entscheidungssituation stellt. Der richtige Umgang mit der Unbestimmtheit und Komplexität bestimmter Entscheidungssituation betrifft Unternehmen ebenso wie Einzelpersonen. Letztlich ist jedermann bis auf die Ebene seiner individuellen und persönlichen Lebensgestaltung betroffen: niemand kann sich spätwirkenden Folgen daraus auf Dauer entziehen. Es gilt, für solche Herausforderungen so etwas wie ein strategisches Gespür zu entwickeln. Alle unterliegen einem gewissen Druck zur Öffnung bisher als festgefügt und stabil erlebter Strukturen. Was insbesondere auch für die Halbwertzeit von beruflich relevantem Wissen gilt. Gefordert sind soziale Flexibilität und die Bereitschaft zum ständigen Lernen. Ohne mit der begleitenden Zunahme an Freiheitsgraden der Unstetigkeit zu verfallen.

Personenbilanzen bündeln Potentiale: trotz zahlreicher Einzelaktivitäten im Zusammenhang mit dem Zukunftsrohstoff „Wissen" gibt es oft noch Lücken, die eine bestmögliche Ausschöpfung der in ihm steckenden Entwicklungspotentiale behindern. Insbesondere fehlt vielfach noch ein in sich schlüssiges Konzept bzw. Instrument, mit dem sich alle Einzelkomponenten des Intellektuellen Kapitals vollständig und mit einheitlicher Systematik abbilden lassen. Eine der Hauptursachen, warum der Rohstoff „Wissen" trotz seines rasant steigenden Anteils an der Herstellung heutiger Produkte und Dienstleistungen bislang so wenig sicht- und greifbar gemacht wurde, liegt in der komplizierteren Bewertung und Messung immaterieller sogenannter „weicher" Faktoren begründet. Das Konzept der Personalbilanz ist auf dem Weg zu einer zahlenmäßigen Erfassung inzwischen ein gutes Stück des Weges vorangekommen und hat hierfür auch praxistaugliche Instrumente, Verfahren und Software entwickelt. Diese ermöglichen es nicht nur, sich in einem hochkomplexen Wissensumfeld Wettbewerbsvorteile zu verschaffen, sie machen durch ihre gängige Zahlenwelt auch eine Nachvollziehbarkeit für außenstehende Dritte möglich. Gegenüber der üblichen Bilanzierung materieller Wirtschaftsgüter hätte das Instrumentarium der Personalbilanz bereits einen entscheidenden Vorteil: es werden auch die zwischen einzelnen Faktoren bestehenden Beziehungen hinsichtlich ihrer Wirkungsstärke und Wirkungsdauer sichtbar gemacht. Aus diesem ohne entsprechende Instrumente kaum durchschaubaren Beziehungsgeflecht lassen sich diejenigen Maßnahmen herausfiltern, die aufgrund ihrer hohen Hebelwirkung das größte Potential erwarten lassen.

Für eine Sinnhaftigkeit und Wirksamkeit von Arbeit braucht es Anerkennung und Leistungsgerechtigkeit

In einer Studie des Sigmund-Freud-Instituts der Universität Frankfurt werden Einzelfaktoren der Arbeitsbelastung untersucht. Einige der Ergebnisse: fehlende Anerkennung führt zur Überforderung, nicht realisierte Leistungsgerechtigkeit führt zur Überforderung, hohe Überforderung führt zur Demoralisierung, hohe Überforderung führt zur Erschöpfung. Festgestellte Zusammenhänge: je höher die Überforderung ist desto größer ist auch die Erschöpfung. Das Prinzip der Leistungsgerechtigkeit wird für das gerechteste Verteilungsprinzip erachtet. „Unterscheidet man die Leistung von Arbeitnehmer/ innen nach den drei Komponenten Leistungsfähigkeit, Leistungsbereitschaft und Leistungsergebnis, dann werden unter den Bedingungen eines zunehmenden Marktradikalismus (so die These) der Erfolg und über den Erfolg auch der soziale Status zunehmend von Leistungsfähigkeit und Leistungsbereitschaft entkoppelt". Zählt aber nur noch das Leistungsergebnis (egal wie und wodurch es zustande gekommen ist), wird Leistungsgerechtigkeit zur Nebensache und verschwindet hinter bloßer Bilanzierung von Erfolg und Misserfolg.

Selbstfürsorge am Arbeitsplatz: Beschäftigte versuchen ihre Arbeitskraft so einzusetzen, „dass sie ihre Arbeit nicht kränkt und physisch oder psychisch krank macht. In der These vom Marktradikalismus hängen Karrieren immer häufiger von der Bereitschaft ab, eine „interessierte Selbstschädigung" zu betreiben. Die Kosten von Selbstfürsorgepraktiken: wer nur Dienst nach Vorschrift macht, verliert den Sinn seiner Arbeit. Selbstfürsorgepraktiken eines Einzelnen können mit den Selbstfürsorgepraktiken von anderen in Konflikt geraten. Überfordernde Arbeitsbedingungen zu ändern, verlangt Solidarität vieler (aller). Folgende Typen von Selbstfürsorgepraktiken lassen sich unterscheiden: Belastungen ausgleichen, real oder mental aussteigen, aktiv oder passiv Widerstand leisten, Arbeitsbedingungen verändern.

Professionelles Handeln ist durch den Widerspruch zwischen Anforderungen des Arbeitgebers an ein spezifisches Leistungsniveau einerseits und Ansprüchen der Mitarbeiter an ihre Arbeit andererseits gekennzeichnet. Die Qualität der Arbeit soll mit entsprechender kennzahlenbasierter Kontrolle der Arbeitsergebnisse realisiert werden. Für die Mitarbeiter ist professionelles Arbeiten vor allem „mit Sinnhaftigkeit und klar erkennbarer Wirksamkeit" verbunden. Aufgrund von zunehmender Heterogenität der Arbeit fällt es allerdings vielen Mitarbeitern immer schwerer, den Sinn der geleisteten Arbeit zu erkennen (schleichende Entfremdung von der eigenen Tätigkeit). Die Zunahme kleinteiliger Arbeitsprozesse, Erfordernisse zur Übernahme nichtfachspezifischer Aufgaben, ein Absinken von Qualifikationen (u.a. wegen kürzerer Ausbildungszeiten) verstärken auf Seiten der Mitarbeiter die Unsicherheiten: um Druck abzuleiten gehen sie auf professionelle Distanz.

Radikale Veränderungen sind im Gange, haben uns schon erfasst: nichts bleibt mehr so, wie es einmal war

Veränderungen gehören zum Tagesgeschäft des Managements. Bisher aber stellten dieses nur selten das grundsätzliche Geschäftsmodell in Frage, sondern machten dieses „nur" schlanker, effizienter. „Controller sind die Hüter und Betreiber der Regelsteuerung. Sie beherrschen das komplexe System souverän, von Forecasts bis hin zu Abweichungsanalysen". Radikale Veränderungen dagegen sind anders, sind vor allem durch hohe Unsicherheit gekennzeichnet, Meinungen prallen aufeinander, verlässliche Leitplanken fehlen. Controller müssen nunmehr (im engen Schulterschluss mit den Strategieplanern) analysieren, welchen Einfluss die Digitalisierung auf die Geschäftstätigkeiten hat und haben wird. Das heißt, die bisherige straffe Regelsteuerung muss durch eine offene (losere) Steuerung ergänzt (ersetzt) werden.

Controller, die bisher mit zeitnahen Abweichungsanalysen (täglich, wöchentlich) jeder noch so kleinen Kostenüberschreitung nachspüren wollten, müssen umdenken und manche Dinge mehr eigenverantwortlich „laufen lassen". Dazu gerät mit der Digitalisierung ein weiteres Arbeitsfeld ins Wanken: wenn sich bewahrheitet, dass Computer die Auswertung von Ist- und Plandaten, das Erstellen von Abweichungsanalysen, Forecasts und Prognosen ebenso gut (zumindest schneller und genauer) wie Controller oder Menschen zu Wege bringen. D.h. durch Standardisierung und Automatisierung ein Teil der (repetitiven)

Controllingaufgaben an die IT-Systeme abgegeben werden kann. „Digitalisierung könnte also für die Controllerzunft einerseits bedeuten, dass Aufgaben und Kapazitäten wegbrechen – warum sollte es im Controlling auch anders sein als auf den Absatzmärkten? Andererseits entstehen durch Big Data und Predictive Analytics potentielle neue Betätigungsfelder". Dies allerdings auf einem Feld, auf dem sich Controller unter Umständen mit einem (neuen) internen Wettbewerber, dem Data Scientist, messen und auseinandersetzen müssen.

Kosten der Personalbeschaffung: die Kosten für die Personalbeschaffung hängen wesentlich von Zahl und Qualifikation der einzustellenden Mitarbeiter ab. Je höher und spezialisierter für zu besetzende Stellen die Anforderungen sind desto höher sind im Durchschnitt auch die Kosten für die Personalbeschaffung. Diese gliedern sich in Kosten für Personalwerbung, Personalauswahl, Einstellung und Einarbeitung. Die Kosten der Personalwerbung können im Normalfall leicht anhand von Rechnungen überprüft und gemessen werden. Die entsprechenden Werbeträger werden je nach Qualifikation der zu besetzenden Stelle eingesetzt.

Frauen – wenn man die „ungerechte Lohnlücke" bereinigt berechnet: gebetsmühlenartig wird immer wieder behauptet, Frauen in Deutschland würden für die gleiche Arbeit etwa ein Viertel weniger verdienen als Männer und somit total ungerecht behandelt. Durch stetes Wiederholen muss eine Sache deshalb aber noch nicht unbedingt wahr sein. Denn diese „Ungerechtigkeit" relativiert sich bei genauerem Hinschauen. „Es handelt sich um die unbereinigte Lohnlücke, das heißt: Es zählt allein der nach Geschlechtern erhobene Bruttodurchschnittslohn. Völlig unbeachtet bleibt, ob die Menschen zum Beispiel Teil- oder Vollzeit arbeiten, in welchen Branchen sie beschäftigt sind, wie groß das Unternehmen ist, für das sie arbeiten, und wie ihre Berufserfahrung aussieht". Frauen arbeiten häufiger in (sozialen) Jobs mit geringeren Verdienstmöglichkeiten. Für Tätigkeiten in schlechter bezahlten Branchen haben sie sich jedoch in eigener Verantwortung entschieden. Technische Berufe aber stehen Frauen in gleicher Weise offen. Entlohnungsunterschiede in der Wirtschaft können nicht unter dem Deckmantel der Gerechtigkeit einfach eingedampft werden. Unter dem Stichwort der Vereinbarkeit von Beruf und Familie gibt es mehr und mehr Aktivitäten, die vor allem Frauen zugute kommen. „Insgesamt haben Eltern seit ein paar Jahren eine viel bessere Möglichkeit, zu entscheiden, ob sich vor allem die Mutter oder der Vater ums Kind kümmert – und damit gleichzeitig auch festzulegen, wessen Karriere leidet. Denn keine Karriere wird und kann jemals so verlaufen, als gäbe es den Nachwuchs nicht. Immer mehr Väter entschließen sich auch mittlerweile, zugunsten der Familie eine berufliche Pause einzulegen. Und überhaupt, wer bestimmt eigentlich darüber, was denn als gerecht zu gelten habe? Kleine Männer verdienen weniger als große, dicke Frauen werden schlechter bezahlt als schlanke. Die Kosten der Einstellung und Einarbeitung werden oft vernachlässigt oder gehen in anderen Kostenblöcken unter, eine getrennte Erfassung und Analyse wird oft versäumt.

Erschöpfungsindex zeigt Belastungen am Arbeitsplatz - obwohl die Verhaltensweisen der Mitarbeiter nicht eindeutig vorhergesehen werden können, lässt sich die Zahl der Abgänge anhand von Erfahrungswerten aus der Vergangenheit näherungsweise ableiten

In einer Studie des Sigmund-Freud-Instituts der Universität Frankfurt wird die Arbeitsbelastung anhand eines Erschöpfungsindex gemessen, der sich aus folgenden Komponenten zusammensetzt:

Index Überforderung
Beschäftigte stehen unter dauerhaftem Leistungsdruck
Wie viele der Beschäftigten leisten regelmäßig Überstunden
Beschäftigte müssen Aufgaben übernehmen, für die sie nicht ausreichend fachlich qualifiziert sind
Den Beschäftigten fehlen ausreichende Ressourcen, um qualitativ hochwertig arbeiten zu können
Die Beschäftigten müssen in ihrer Arbeit ethische Prinzipien verletzen, um den Anforderungen der Organisation zu genügen
Beschäftigte klagen über zu hohen Zeitdruck
Beschäftigte klagen über zu geringe Entscheidungsspielräume
Beschäftigte klagen über zu wenige Erholungspausen

Index Anerkennung
Die berufliche Weiterentwicklung von Beschäftigten wird angemessen gefördert
Die Beschäftigten können eigene professionelle Standards in ihrer Arbeit wahren
Die Beschäftigten machen die Erfahrung, dass ihre Arbeitsleistungen angemessen anerkannt werden
Beschäftigte erhalten keine Wertschätzung für qualitativ gute Arbeitsleistungen

Index realisierte Leistungsgerechtigkeit
In der Organisation besteht Leistungsgerechtigkeit
Leistungsgerechtigkeit ist, wo ich tätig bin, realisiert

Index Demoralisierung
Sind Beschäftigte überfordert, machen sie ihre Arbeitsbedingungen dafür verantwortlich
Ich beobachte, dass Beschäftigte ihre vorhandenen Spielräume zu wenig nutzen
Ich beobachte, das Beschäftigte die vorgefundenen Arbeitsbedingungen zu schnell als gegeben hinnehmen
Beschäftigte verstehen sich als Opfer von Arbeitsbedingungen, die sie nicht verändern können

Index Erschöpfung
Psychophysische Belastungen haben zu-/abgenommen
Beschäftigte sind reizbar geworden
Die Arbeitszufriedenheit ist hoch/niedrig, hat zu-/ abgenommen

Zugänge, Abgänge und Verbleibensquote: die Fragen hinsichtlich der zu erwartenden Veränderungen des Personalbestandes sind: wer von den heute Beschäftigten wird auch noch zu Beginn der jeweils nächsten Planungsperiode im Betrieb sein? wer wird den Betrieb verlassen haben und wer wird hinzugekommen sein? Obwohl die Verhaltensweisen der Mitarbeiter nicht eindeutig vorhergesehen werden können, lässt sich die Zahl der Abgänge anhand von Erfahrungswerten aus der Vergangenheit näherungsweise ableiten. Aufgrund individueller Merkmale lassen sich beispielsweise Pensionierungen, Ausscheiden nach Erziehungsurlaub, vorgesehene Versetzungen, geplante Fortbildungen oder Auslaufen befristeter Arbeitsverträge als Abgänge vorausbestimmen. Aufgrund statistischer Wahrscheinlichkeitswerte lassen sich beispielsweise vorzeitige Pensionierungen, Entlassungen oder Arbeitnehmerkündigungen vorausberechnen. Aufgrund von Beobachtungen lassen sich u.a. folgende Abgangswahrscheinlichkeiten feststellen: nimmt mit steigendem Dienst-/Lebensalter ab, ist bei Frauen höher als bei Männern, ist bei verheirateten Frauen grösser als bei ledigen, ist bei ungelernten Arbeitskräften am höchsten (nimmt mit steigender Qualifikation ab), schwankt im Jahresverlauf, hängt vom regionalen Standort des Unternehmens ab. Die vorausbestimmten Abgänge werden ganz oder teilweise durch sichere Zugänge wie beispielsweise Rückkehr Fortbildung, Auszubildende nach Ausbildung oder bereits feststehende Einstellungen ersetzt. Bei der Zugangs-Abgangs-Rechnung ist zu berücksichtigen, dass ein Teil der Neueinstellungen den Betrieb im Planungszeitraum - insbesondere während der Probezeit- wieder verlassen:

Verbleibensquote % = (Zahl der in der Planungsperiode eingestellten und noch vorhandenen Mitarbeiter x 100) : (Zahl der Einstellungen in der Planungsperiode).

Trennung von Unternehmen und Mitarbeiter ist Alltag: nur noch wenige bleiben für ihr ganzes Berufsleben bei einem einzigen Arbeitgeber. Obwohl schon jeder abhängig Beschäftigte davon geträumt haben wird, seinem Chef einmal so richtig die Meinung zu geigen und danach einen großen Abgang mit viel Getöse hinzulegen, ist das Prinzip „verbrannte Erde" im Regelfall immer die schlechteste Lösung. In jedem Fall ist der Weggang eines Mitarbeiters für beide Seiten eine heikle Sache. Richtig und konstruktiv gehandhabt, können aber beide Seiten daraus einen Nutzen ziehen. Meistens wird die Situation dadurch entspannter, dass man noch einmal miteinander redet. „Der Arbeitgeber kann sich die Gründe für die Kündigung anhören und sie auswerten. Wenn mehrere Personen sich ähnlich äußern, kann er versuchen, die Arbeitsverhältnisse zu verbessern, damit andere Mitarbeiter Lust haben zu bleiben." Zudem ist es auch eine Form der Wertschätzung, wenn Vorgesetzte oder Personalverantwortliche ein Interesse daran haben und wissen wollen, warum ein Mitarbeiter geht. Und ein altbekanntes Sprichwort sagt, dass man sich im Leben immer zweimal trifft.

Potenziale und Perspektiven glaubwürdig erkennen und anschaulich darstellen – u.a. in Form von Portfolio-, Ampeldiagramm- und Wirkungsnetz-Darstellungen

Eine Personenbilanz funktioniert als 360-Grad-Radarschirm für verschiedene Beobachtungszwecke und -ebenen, mit dem insbesondere auch „weiche" Personalfaktoren umfassend identifiziert, differenziert abgebildet sowie systematisch bewertet werden können. Aus den Ergebnissen (beispielsweise einem Potenzial-Portfolio) können für die Personalentwicklung fundierte, abstimmfähige Maßnahmen- und Handlungsempfehlungen abgeleitet werden. Unterstützt wird ebenfalls die Früherkennung künftiger Chancen und Risiken. Da eine reine Status-quo-Betrachtung auf Dauer nicht ausreicht, kann diese hinsichtlich künftiger Perspektiven zusätzlich erweitert werden. Viele Darstellungsmöglichkeiten, wie z.B. Ampel-Diagramme mit rot-gelb-grün-Bereichen für die Bewertung von Personalfaktoren, sind einfach verstehbar und können dadurch die Glaubwürdigkeit und Akzeptanz von Personalentscheidungen erhöhen: die Personenbilanz ist auf einer auch in der Wirtschaft gängigen Systematik aufgebaut und kommt daher auch einer wirtschaftsbezogenen Denkweise entgegen (kann als breite Kommunikationsplattform für Entwicklungsmaßnahmen eingesetzt werden). Denn nichts ist so überzeugend wie eine Anschaulichkeit, wie sie in Form von Portfolio-, Ampeldiagramm- und Wirkungsnetz-Darstellungen geboten wird. Dabei werden auch ganzheitliche, strategische Denkweisen gefördert. Die Systematik und logische Strukturierung bevorzugt eine Vorgehensweise, mit der

Bruchstellen und Widersprüchlichkeiten in der Bewertung und Steuerung von Personalfaktoren vermieden werden können.

Fluktuationsanalyse – Fluktuationskosten: mit einer speziellen Fluktuationsstatistik kann nicht nur ermittelt werden, wie viele Arbeitnehmer während einer bestimmten Periode das Unternehmen verlassen haben, sondern ergänzend untersucht werden, auf welche Art die Arbeitsverhältnisse beendet wurden und aufgrund welcher Ursachen dies geschehen ist. Bereits allein durch die verlangte Angabe der verschiedensten Abgangs- und Zugangsgründe wird ein effizienter Zwang ausgeübt, diese Ereignisse in die Planung einzubeziehen.

Wenn wichtige, komplexe oder unliebsame Aufgaben zugunsten unwichtigerer Tätigkeiten aufgeschoben werden, bis zu ihrer Erledigung keine Zeit mehr bleibt: ist das nun eher eine Arbeitsstörung oder, wie manche meinen, eine „überlebenswichtige Kompetenz", die es überhaupt erst möglich macht, kreativ und spontan mit den Anforderungen eines Berufslebens umzugehen? Eine Arbeitsstörung wohl dann, wenn die betroffene Person nicht dazu in der Lage ist, ihre zur Erledigung anstehenden Aufgaben angemessen zu strukturieren und zu planen: ich warte, bis ich in der richtigen Stimmung bin. Oder: ich weiß nicht, wo ich anfangen soll. Eine überlebenswichtige Kompetenz vielleicht eher dann, wenn auf (oft monatelange) Untätigkeit eine Phase konzentrierter Untätigkeit folgt und das Ganze dann produktiver ausfällt als permanente Aktivität. Aber diese beiden Eckpunkte zeigen schon, dass es sich hierbei eher um Studenten oder um

Berufe von Akademikern handeln dürfte. So sind den Universitäten durchaus Studienhemmnisse bekannt, die als ein Phänomen beschrieben werden, „das mit dem selbstregulierten Arbeitsverhalten an der Universität insgesamt zusammenhänge". Auch viele hauptberufliche Akademiker dürfen das Privileg genießen, dass sie nicht der strikten Vorgabe einer permanenten Anwesenheit am Arbeitsort oder der Erfüllung eines quantifizierten Plansolls unterworfen sind: es besteht im Vergleich zu anderen große Kulanz gegenüber der individuellen Arbeitsorganisation. Wie überall im Leben, gibt es aber auch ein solches Privileg nicht umsonst: während ansonsten Wochenend- und Nachtarbeit arbeitsrechtlich gesehen enge Grenzen gesetzt werden, lassen sich diese aus dem Alltag geistig arbeitender Menschen kaum wegdenken. „Die Gefahr, das große Aufgaben so lange liegen bleiben, bis an ihre Bewältigung nicht mehr zu denken ist, wohnt dem akademischen Privileg insofern immer schon inne".

Prekäre Berufswelten: pendeln zwischen Erwerbsarbeit und Arbeitslosigkeit - Karrieren und Berufswege sind diskontinuierlicher geworden

Prekär heißt ein Verhältnis, wenn es nicht stabil, wenn es unsicher und widerrufbar ist. „Beruf, Einkommen und Prestige – nichts erscheint mehr sicher. Wie ein verlassenes Schiff auf hoher See schlingern viele Arbeitnehmer durch das Erwerbsleben, sie sind äußeren Gewalten ausgeliefert und können selbst nicht mehr steuern". Diese Definition trifft auf immer mehr Arbeitsverhältnisse zu. Zwar enthielt der industrielle Wandel über die Bildungsexpansion lange Zeit einen zuverlässigen Aufstiegstreiber. Lange Zeit gründete sich ein Normalarbeitsverhältnis in Form einer unbefristeten Stelle mit Kündigungsschutz auf gesellschaftlicher Stabilität und Integration. Doch diese Zeiten scheinen sich zu ändern. Prekäre Arbeitsverhältnisse konzentrieren sich zwar vor allem bei Niedrigqualifizierten. Aber auch Hochqualifizierte brauchen immer länger, bis sie eine sozial gesicherte berufliche Umlaufbahn erreichen. „Das Erwerbsleben hat insgesamt seine frühere Struktur verloren, Die traditionelle Berufslaufbahn (in jungen Jahren in einen Betrieb eintreten und am Ende des Erwerbslebens aus demselben Unternehmen wieder ausscheiden, um in Rente zu gehen) gerät zu einem immer seltener werdenden Relikt vergangener Zeiten. Dagegen steigt die Anzahl derjenigen, die in ihrer Erwerbsbiographie vermehrt Brüche erfahren, buchstäblich sozial verwundet werden. Sie sind in die sich ausweitenden „Zwischenzone" geraten und pendeln zwischen Erwerbsarbeit und Arbeitslosigkeit. Zwar sind sie die meiste Zeit über beschäftigt, aber ihre Jobs sind selten von Dauer".

Allein die Tatsache von prekären Arbeitsverhältnissen beschäftigt die Festangestellten mit scheinbar sicherem Status: sie fühlen sich manchmal entgegen ihrer formalen Sicherheit wie auf Abruf. „Belegschaften spalten sich dann in Festangestellte, die ihre soziale Sicherheit als Privileg empfinden, und in Prekarier, die zu fast allem bereit sind, um ihrer Unsicherheit zu entkommen. Selbst bei denen, die „sicher" sind, entstehen trotzdem Abstiegssorgen und Statuskämpfe. „Sie steigern ihre Leistungsbereitschaft, arbeiten mehr und entgrenzter, verdichten ihre Tage, um rund um die Uhr produktiv zu sein, nehmen Stress und den Verlust von Work-Life-Balance in Kauf. Bildungsehrgeiz und Aufstiegsorientierung gelten als oberste Werte, die gesamte Lebensführung dient dem Projekt des Statuserhalts (ein Status, den man sich aber auch erst zunächst einmal erarbeitet haben muss).

Zur Berechnung der Fluktuationsrate können verschiedene Formeln verwendet werden: a) Fluktuation % = (Zahl der Abgänge x 100) : durchschnittlicher Personalbestand, b) Fluktuation % = (Zahl der Abgänge x 100) : (Personalbestand zu Beginn + Zugänge), c) Fluktuation % = (ersetzte Abgänge x 100) : durchschnittlicher Personalbestand. Ersetzte Abgänge = (Zugänge + Abgänge ./. absolute Differenz zwischen Zu- und Abgängen) : 2.

Für die Ermittlung der Fluktuationskosten müssen alle durch den Abgang des alten Arbeitnehmers verursachten Kosten wie beispielsweise Zeugnisausfertigung, Vorbereitung Arbeitspapiere oder Abgangsgespräch sowie zusätzlich auch sämtliche mit der Einstellung und Einführung des neuen Arbeitnehmers verbundenen Kosten eingerechnet werden. Die Jahres- Fluktuationskosten werden errechnet aus: (durchschnittlicher Personalbestand x Fluktuationsquote x durchschnittliche Fluktuationskosten je Mitarbeiter) : 100.

Fehl- und Ausfallzeiten: für die Personalbedarfsplanung ist die Kenntnis der effektiven Arbeitszeit notwendig. Die vertragliche und die effektive Arbeitszeit weichen in der Praxis voneinander ab. Die vereinbarte Arbeitszeit wird durch Ausfallzeiten (Fehlzeiten) vermindert und durch Mehrarbeitszeiten (Überstunden) erhöht. Im Rahmen eines Arbeitszeitmanagements werden Anwesenheitszeiten durch Kommen- und Gehen-Buchungen von den Mitarbeitern meist selbst dokumentiert, Abwesenheiten müssen in den meisten Fällen durch die Eingabe von Fehlgründen und Zeiträumen definiert werden. Die Ist-Zeit ist als Grundlage für die Personalbedarfsermittlung wesentlich abhängig von der Höhe der Ausfallzeiten. Um die Quote der effektiven Arbeitszeit berechnen und beeinflussen zu können, muss man insbesondere Ursachen und Umfang der Ausfallzeiten ermitteln. Zu den Ausfallzeiten zählen alle Zeiten, die aus persönlichem, tariflichem, gesetzlichem oder betrieblichem Anlass zu einer Minderung der vertraglich vereinbarten Arbeitszeit führen. Fehlgründe dienen zur Verarbeitung von Fehlzeitrechnungen und -analysen.

Dabei sind die gesetzlichen Feiertage keine Fehlzeiten, da sie ohnehin nicht als normale Arbeitstage in Frage kommen. Den Fehlzeiten sind als wichtiger Kostenfaktor im Unternehmen ein planerisches und steuerndes Gewicht beizumessen. Die erfassten Fehlzeiten können grundsätzlich individuell nach Einzelpersonen, nach bestimmten Mitarbeitergruppen (Frauen/Männer, Angestellte/Arbeiter, Altersgruppen, Betriebszugehörigkeit, Innendienst/Außendienst, Deutsche/Ausländer), nach organisatorischen Einheiten (Kostenstellen, Gesamtunternehmen u.a.) analysiert und kontrolliert werden. Damit lassen sich unter Umständen über Jahre bestimmte Trends nach Dauer und Häufigkeit erkennen und herausfiltern.

Infarkt der Psyche – Uniform des Managers: wenn Leistungsträger bis zum Burnout arbeiten und ihre Situation im Rückblick analysieren sprechen sie oft von einem negativen Zusammenspiel aus Arbeitsumfeld, Anforderungen und eigener Persönlichkeitsstruktur. Obwohl man sich keineswegs nur über seine Arbeit definiert, stellt man oft (zu) hohe Ansprüche an sich selbst. Bei einem Zusammenbruch führt der Weg manchmal zur stationären Behandlung in eine psychiatrische Klinik. Ein schwieriger Weg, der die (unentbehrliche) Unterstützung von Umfeld und Familie braucht. In dieser Umgebung werden betroffene Leistungsträger zunächst einmal von allen externen Einflüssen abgeschirmt: Fernseher weg, Handy weg, E-Mails weg. Wer Glück hat, erlebt danach nicht nur die Scheinblüte eines ersten Geschäftsmeetings (um sich schon bald darauf wieder müde und frustriert zu fühlen), sondern denkt jetzt vielleicht weniger in monetären Kategorien. Und profitiert von erlernter Atemtechnik mit einem mehr „wertschätzenden" Denken. Der (immer noch begeisterungsfähige und engagierte) Leistungsträger sagt trotz der immer noch hohen Anforderungen an sich selbst jetzt öfter einmal „nein", wenn der Ballast zu groß zu werden droht.

Vielleicht denkt er auch einmal über seine bisherige Uniform nach, die (wie die aller anderen auch) einheitlich aus Sakko in Anthrazit – Hemd in weiss daherkam. Denn bisher fühlte er sich als aufgeklärter Bürger, gern mit breiten Beinen fest auf dem Boden des Grundgesetzes und mitten im Leben stehend. Selbst den letzten Fetzen Schmuck für Männer (dieses längliche bunte Dingsda, vom Hals herabhängend) hatte er als überflüssiges Anhängsel längst abgelegt. Er war sich seiner Leistungsfähigkeit so sicher gewesen, dass er es nicht nötig hatte, durch seine Kleider zu glänzen. Und reduzierte sich so auf diese Uniform hoch zwei (Anzug ohne Krawatte, anthrazit und weiß) und entsagte allem bis zur Unkenntlichkeit, die alles kenntlich macht. Und widersetzt sich jetzt manchmal auch dem Mainstream-Denken und der Angst, anders zu sein. Quote der effektiven Arbeitszeit, gemessen an der Soll-Arbeitszeit, ergibt sich als das Verhältnis von Ist- zu Soll-Arbeitszeit. *Quote der effektiven Arbeitszeit (%)* = (Ist-Arbeitszeit Tage/Stunden x 100) : Soll-Arbeitszeit (Tage/Stunden). Vertragsarbeitszeit ./. Feiertage, die auf Wochentage fallen ./. allgemein für alle Mitarbeiter bezahlte und/oder unbezahlte Freistellung = *Soll-Zeit* ./. Ausfallzeiten (bezahlte und unbezahlte) + Mehrarbeitzeien = *Ist-Zeit*. Die Quote der effektiven Arbeitszeit ist eine wichtige Planungskennzahl für die richtige Personalkapazität: Quote der effektiven Arbeitszeit % = (Ist-Arbeitszeit (Stunden) x 100) : Soll-Arbeitszeit (Stunden). Ebenso wie die Ausfallzeiten müssen auch die Mehrarbeitszeiten (Überstunden erfasst werden): Quote der Überstunden % = (Anzahl Überstunden x 100) : Soll-Arbeitszeit Stunden. Die Krankheitsausfallquote kann analog zur Fehlzeitenquote errechnet werden: Kranken-Ausfallquote % = (Krankheit Stunden x 100) : Soll-Arbeitszeit Stunden.

Chronischer Stress und Erschöpfung durch Handy und E-Mail-Account im Dauerbetrieb: in einem früheren Schülerleben begann mit den Zeugnissen die große Freiheit: zu genießen ohne Hausaufgaben und Kassenarbeiten. Im heutigen Arbeitsleben dagegen belastet die Technik eher mit ihren nie ruhenden E-Mail-Accounts: Menschen fühlen sich zur ständigen Erreichbarkeit verpflichtet. Die Grenzen zwischen privat und beruflich verschwimmen zusehends: denn das Handy ist eigentlich immer dabei und angeschaltet. Wenn die an Personen gestellten Anforderungen auf deren verfügbaren Ressourcen übersteigen, gibt es als Folge dieses Ungleichgewichtes Abnutzungserscheinungen. Auch ein Beruf, der richtig Freude macht, führt irgendwann zur Erschöpfung: chronischer Stress kann Reaktionszeiten, Gedächtnis u.a. in Mitleidenschaft ziehen. Helfen können in erster Linie Erholungsphasen als überfällige Reparaturmaßnahmen: mit einem Tapetenwechsel den Kopf wieder freibekommen. Da auch Urlaube (manchmal öfter als man denkt oder sich eingesteht) misslingen können, sollte man auch hier Risiken verteilen und nach dem Rat von Experten nicht alles auf eine Karte setzen: d.h. sinnvoller sei es, Urlaubszeiten auf mehrere, kürzere Perioden im Jahr zu verteilen. Es sei auch durchaus nicht abwegig, sich zu Hause zu erholen: um einmal richtig abzuschalten, muss man nicht unbedingt an das andere Ende der Welt fahren. Wichtig vor allem sind: einmal das zu tun, wozu man Lust hat, vom Berufsalltag Abstand gewinnen, Leistungsfähigkeit und Wohlbefinden wiedererlangen, emotionale Entlastung.

Wer Karriere machen will, für den reicht reines Fachwissen in der heutigen Arbeitswelt oft nicht aus: gefordert werden neben Fach- und Methodenwissen vor allem auch Sozial-, Handlungs- und Persönlichkeitskompetenzen

Einerseits veraltet manches Fachwissen dramatisch schnell (Halbwertzeit 1-5 Jahre), andererseits ermöglichen neue Medien, Wissen überall, stets und sofort abzurufen. Benötigt werden hierfür weitere Kompetenzen wie beispielsweise Medien- und Digitalkompetenz. Unabdingbar ist eine neue Art des Lernens: sich eigenständig Wissen anzueignen, dieses zu bewerten, auf Problemstellungen anzuwenden und gefundene Lösungen auf neue Aufgaben zu übertragen. Akademische Fachkräfte können Handlungskompetenzen vor allem durch eine enge Anbindung an die Praxis erlangen. Ein günstiges Umfeld hierfür ist eine enge Verzahnung von Hochschulen mit der Wirtschaft, damit Studierende ihr theoretisches Wissen praktisch anwenden und so vertiefen können. Durch Einbeziehung in gemeinsame Forschungsprojekte zwischen Hochschulen und Wirtschaft sind Studenten hierbei nicht nur Praktikanten, sondern können schon heute lernen, was morgen Stand der Technik werden wird. Besonders in der Digitalbranche verändert sich die Arbeitswelt rasend schnell: mancher arbeitet von zu Hause aus genauso selbstverständlich wie auf dem Weg zum Kunden in der Bahn (oder auch mal auf dem Balkon im Urlaub, wenn es das Projekt erfordert). Seine Kollegen sitzen nicht am Schreibtisch neben ihm (sondern irgendwo in der Welt in Prag oder San Francisco). Er trifft sie nicht im Konferenzraum (sondern virtuell im Chat).

Vor nicht allzu vielen Jahren war von Smartphones mit ihren Apps noch keine Rede: heute ist Mobile Computing (fast) alles, ist einer der Treiber bei Veränderungen der Arbeitswelt. Viele Treffen, für die früher aufwendige (kostspielige) Reisen notwendig waren, können heute auch virtuell stattfinden (virtuelle Kooperation rückt näher an eine echte Begegnung). Um auf veränderte Marktbedingungen schnell reagieren zu können, konzentrieren sich Firmen verstärkt auf Kernfunktionen: je nach Bedarf können dann aber für ein Projekt Teams mit festangestellten Mitarbeitern und externen Experten gebildet werden. Diese Arbeitswelt deckt sich mit den Erwartungen (zeitliche, räumliche und inhaltliche Flexibilität) gerade von gut ausgebildeten, jungen Spezialisten. Diesen geht es weniger darum, die Arbeit nach einem festen Raster von der Freizeit zu trennen, sondern um die Möglichkeit, selbst bestimmen zu können (dürfen), wie Beruf und Privates jeweils ausbalanciert werden. Entscheidend für die künftige Karriere: die Bereitschaft, den Blick für das Neue zu behalten und sich immer weiter fortzubilden. Voraussetzung ist natürlich immer eine gute Ausbildung, mit der die benötigten Grundlagen nachhaltig angelegt wurden. Gerade die Digitalbranche steht immer wieder im Zentrum des Geschehens: zum einen stellt sie Technologien zur Verfügung, die innovative Arbeitsbedingungen auch in anderen Branchen erst ermöglichen. Zum anderen arbeitet die Digitalbranche (wie kaum eine andere) selbst mit diesen Technologien und verfügt daher neben einem Erfahrungsschatz auch über einen gewissen Wissensvorsprung.

Qualifikationsbedarfsanalyse: eine vielseitige Qualifikation der Mitarbeiter wertet gleichzeitig den einzelnen Arbeitsplatz auch durch Job-enlargement und Job-enrichment auf und verhindert, dass durch die Abwerbung von ausgebildeten Arbeitskräften durch nichtausbildende Unternehmen die Ausbildungserträge extern anfallen. Umso mehr die vermittelte Qualifikation unternehmensspezifisch ist, reduziert sich aber auch das Problem dieser externen Effekte (Verminderung der Fluktuationsrate). Messprobleme treten weiter dadurch auf, dass Produktivitätseffekte wie beispielsweise Loyalität, Leistungsmotivation, Teamgeist, Verbesserungsvorschläge oder verstärkte Innovationsorientierung sich oft nur längerfristig und nur in indirekter Form auswirken.

Zu den für die Qualifikationsbedarfsanalyse einzusetzenden Instrumenten zählen u.a. Arbeitsplatzanalyse, Anforderungsprofile, Mitarbeiterbeurteilungen und Qualifikationspotenziale. Bei der Ermittlung des Bildungsbedarfs sollte analysiert werden, welche Qualifikationen im Unternehmen verbessert werden müssen, um die Aufgaben optimal erfüllen zu können und die Weiterentwicklung des Unternehmens zukünftig sichern zu können. Insbesondere geht es dabei um die Feststellungen nach den Inhalten sowie der zeitlichen Lage der erforderlichen Qualifizierung. Für jede Position muss ein Anforderungsprofil erstellt werden, an dessen Soll-Werten der Mitarbeiter eingestuft wird. Im Rahmen von Zielvereinbarungsgesprächen ist der Mitarbeiter darüber zu informieren, welche Schulungen noch nötig sind, um dem Anforderungsprofil der Stelle zu genügen. Wenn die Schulungsthemen und Ziele der Weiterbildungsmaßnahmen definiert worden sind, sollte in einem Konzept analysiert werden, auf welche Weise die festgestellten Qualifizierungslücken gefüllt werden sollen. D.h. nicht für jede aufkommende Frage muss gleich ein Seminar besucht werden. Denn oftmals ist das benötigte Wissen bereits intern bei erfahrenen Kollegen vorhanden.

Bewertung Qualifikationsmaßnahmen: ein einheitliches Kriterium für die Erfolgsmessung von Weiterbildung gibt es nicht, da sich der Input aufgrund unterschiedlicher Messmethoden nicht direkt mit dem erzielten Output vergleichen lässt. Die Rentabilität der Investitionen in den Bildungsbereich kann u.a. mit Arbeitsproduktivitätskennziffern gemessen werden. Weiterhin kann der Erfolg von Weiterbildungsmaßnahmen daran gemessen werden, in welchem Umfang sie zur Deckung des Qualifikationsbedarfs beigetragen haben. Zu den direkten Kosten zählen u.a. Kosten des Weiterbildungspersonals, Dozentenhonorare, Raumkosten, Sachkosten für Maschinen- und Geräteausstattung, Lehrmaterialien, Lehrgangsgebühren und Reisekosten. Zu den indirekten Kosten zählen u.a. Kosten für Lohnfortzahlungen. Der diesen Kosten gegenüberzustellende Nutzen ermittelt sich u.a. aus Kennzahlen wie dem Grad der Erreichung der angestrebten Lernziele, Fluktuations- oder Fehlzeitenquote:

Weiterbildungskosten pro Tag pro Teilnehmer = Summe der Weiterbildungskosten in Euro : Teilnehmertage (= Teilnehmer x Anzahl Tage). Da nur Input-Größen verglichen werden, wird über die Qualität einer Weiterbildungsmaßnahme keine Aussage getroffen. *Weiterbildungszeit pro Teilnehmer* = Summe der Weiterbildungszeiten (Tage, Std.) : Gesamtzahl der Weiterbildungsteilnehmer. Basierend auf der durchschnittlich aufgewandten Zeit für die Weiterbildung eines Teilnehmers und der Anzahl der für Weiterbildung eingeplanten Mitarbeiter kann die aufzuwendende Arbeitszeit geschätzt werden. *Weiterbildungszeit pro Mitarbeiter* = Summe der Weiterbildungszeiten (Tage, Std.) : Gesamtzahl der Mitarbeiter. Das Ausmaß der erforderlichen Weiterbildungszeit hängt von dem vorhandenen Wissen der Mitarbeiter und der Geschwindigkeit, mit der das vorhandene Wissen veraltet, ab.

Weiterbildungsrendite = Durch Weiterbildungsmaßnahmen erzielte Deckungsbeiträge in Euro : für Weiterbildungsmaßnahmen eingesetztes Kapital in Euro x 100 (%). Durch einen Vergleich der Weiterbildungsrenditen unterschiedlicher Maßnahmen kann die Verwendung finanzieller Ressourcen optimiert werden. *Struktur der Weiterbildungsmaßnahmen* = Anzahl Weiterbildungsmaßnahmen mit Merkmal i : Gesamtzahl der Weiterbildungsmaßnahmen x 100 (%). Dieser Wert gibt z.B. Auskunft darüber, welcher Anteil der Weiterbildungsmaßnahmen neue Produkte und Technologien betrifft, die im Unternehmen eingesetzt werden. *Struktur der Prüfungsergebnisse* = Anzahl der Absolventen mit Note i : Gesamtzahl der Absolventen x 100 (%). Ermöglicht Aussagen zur Qualität des Ausbildungswesens und Effizienz der Bewerberauswahl, sowie Vergleiche mit anderen Unternehmen. *Weiterbildungszeit (Tage) pro Mitarbeiter pro Periode (z.B. Jahr)*: die Intensität der Weiterbildung wird pro Abteilung/Gesamt, jeweils für Vorperiode, lfd. Periode und Planperiode, errechnet durch Abt. XY/Gesamt = Anzahl Weiterbildungstage : Anzahl Mitarbeiter.

Übergang zum Berufskosmos: in eine Welt, die ziemlich groß und komplex ist - Berufsplanung mit Eigenbildanalyse - sinnstiftende Fragen können helfen, die berufliche Situation klarer zu sehen

Die Arbeitswelt verändert sich (rasant): Roboter und Algorithmen bestimmen zunehmend das Geschehen und verändern Produktionsabläufe und Beschäftigungsfelder. Hat jemand das Abitur in der Tasche, steht ihm die Welt offen. Eine Welt aber, die ziemlich groß und komplex ist. Kaum einmal jemals im späteren Leben scheint die Unsicherheit ähnlich groß wie beim Übergang aus dem (behüteten) Schulsystem hinein in den riesigen Berufskosmos. Sind jene zu beneiden, die schon genau zu wissen scheinen, was sie beruflich einmal machen wollen? Oder wären diese etwa gar nicht so gut dran, weil das klare Ziel sie möglicherweise übersehen lässt, welche vielen anderen Möglichkeiten sich sonst noch bieten würden? Hätten die es sogar besser, die entweder keine oder allenfalls eine vage Vorstellung davon haben, wovon sie später einmal nicht nur ihren Lebensunterhalt bestreiten, sondern sich selbst verwirklichen wollen?

Immer mehr der späteren Akademiker finden Gefallen an der Berufsform des Interim-Managements, d.h. einer Beziehung auf Zeit. Sie springen vor allem bei Unternehmen ein, wenn es dort brenzlig wird oder wenn es um ein klar definiertes, zeitlich begrenztes Projekt geht. Das macht die Aufgabe besonders spannend und ist in vielen Punkten den Beraterjobs sehr ähnlich. Die Motivation für viele Zeitmanager: die zeitliche Begrenzung eines Mandats macht sie unabhängiger von den Zulänglichkeiten des Alltags. Manager auf Zeit verfügen in der Regel über mehrjährige Führungserfahrungen. Besonders gefragt ist eine hohe Sozialkompetenz. Zu den klassischen Aufgabenfeldern zählen Krisensituationen, Vakanzüberbrückung, Projektmanagement, Informationstechnologie, Controlling, Rechnungswesen. Das Einfache und Sichere ist nicht die Welt des Interimsmanagements: in dieser liebt man es eher, sich immer wieder auf neue Situationen einstellen zu müssen. Neben den speziellen Herausforderungen bei einem neuen Auftrag geht es vor allem um die Fähigkeit, sich schnell auf eine jeweils neue Firmenkultur einstellen zu können. Der Arbeitsplatz wechselt schnell und das als Einsatzort meistens bundesweit gesehen. Interim-Management kann man auch als eine Art von Lebensphilosophie sehen. U.a. für Leute, die nicht unbedingt auf eine Linienkarrieren aus sein wollen, die weg vom Standard wollen (weil sie den klassischen Weg lang gegangen sind). Personalentwicklungs- an Gesamtpersonalkosten pro Periode: die Intensität der Weiterbildung wird pro Abteilung/Gesamt, jeweils für Vorperiode, lfd. Periode und Planperiode, errechnet durch: Abt. XY/Gesamt % = Summe Personalentwicklungskosten : Summe Personalkosten x 100.

Wer eine Führungsposition anstrebt, muss sich selbst gut kennen und sich regelmäßig einer selbstkritischen Prüfung unterziehen. Es gilt, ein Bewusstsein davon zu erlangen, was einen selbst an einer bestimmten Situation unfroh macht und was man selbst dazu beitragen könnte, eine Situation anders zu sehen, ihr eine andere Bedeutung zu geben, sie zu verändern. In einer ungeschminkten Eigenanalyse sollte man versuchen, sein Inneres aufzudecken und sich neue Gedanken zu machen, zum Beispiel über seine Gefühle, seine Bedürfnisse, seine Motive und seine Ansichten. Hilfestellung könnten auch einige Fragen (wie sie sich die meisten Menschen viel zu selten oder nie stellen) liefern wie sie in der FAZ in einem Artikel von Ursula Kals („Der etwas andere Fragebogen") angeführt wurden, beispielsweise: wenn Sie nur noch ein halbes Jahr zu arbeiten hätten, was würden Sie ändern? Was würden Sie Ihrem Chef gerne sagen, ohne Angst zu haben, dass das negative Folgen für Sie hat? Was wollten Sie als Kind/Jugendlicher gerne werden? Würden Sie Ihren Beruf noch einmal ergreifen? Vorausgesetzt, Sie hätten gerade Ihr Abitur in der Tasche, würden Sie sofort studieren oder etwas anderes tun? Haben Sie eine berufliche Fehlentscheidung getroffen, die Sie bis heute bereut haben? Glauben Sie, dass Sie geeignet wären, gute Bewerbergespräche zu führen? Würden Sie sich nach vielen Berufsjahren trauen, sich einem Assessmentcenter zu stellen? Gab es eine berufliche Situation, bei der Sie am liebsten im Erdboden versunken wären? Wenn Sie einen üppigen Lottogewinn hätten, würden Sie dann aufhören, zu arbeiten? Haben Sie ihre gesteckten Ziele bislang erreicht? Wenn Sie Chef wären, wären Sie ein guter Chef? Was würden Sie anders machen, wenn Sie an Stelle Ihres Vorgesetzten wären? Können Sie sich Situationen vorstellen, in denen Sie als Chef auch nicht mehr weiterwüssten? Glauben Sie, dass Vorgesetzte anders über Frauenförderung denken, sobald ihre Töchter am Start sind? Wann haben Sie am meisten gelernt? Von wem haben Sie am meisten gelernt? Orientieren Sie sich an Vorbildern? Gibt es Krisen, die Sie sich gerne erspart hätten, oder hatten die im Nachhinein auch einen positiven Aspekt? Feiern Sie Ihre Erfolge? Glauben Sie, dass es nur eine Frage guter Organisation und selbstbewusster Verhandlungsstrategie ist, Karriere und Familie miteinander zu vereinbaren? Würde Ihr Chef Sie noch einmal einstellen? Sind Sie der Meinung, Ihr Gehalt verdient Ihre Leistung? Was möchten Sie in zehn Jahren beruflich machen? Würden Sie sich auch dann ehrenamtlich engagieren, wenn das völlig unter Ausschluss der Öffentlichkeit geschieht? Gibt es moralische Grundsätze oder gesellschaftliche Werte, nach denen Sie Ihre Arbeit ausrichten? Finden Sie, dass Sie ein angenehmer Kollege sind? Können Sie gönnen? Wenn Sie frei ein Team zusammenstellen könnten, hätte Harmonie oberste Priorität, oder hätten Sie auch Widerstreiter in Ihrer Wunschgruppe? Arbeiten Sie lieber mit jüngeren oder älteren Kollegen zusammen – oder spielt das für Sie keine Rolle? Haben Sie schon einmal ungerecht gehandelt, weil die Chemie zwischen Ihnen und einem Kollegen nicht stimmte? Haben Sie schon einmal ungerecht gehandelt, weil Sie einen beruflichen Vorteil für sich ziehen konnten? Haben Sie schon einmal bewusst Kollegen gemobbt? Sind Sie selbst schon einmal gemobbt worden, und –falls ja- wie haben Sie sich gewehrt? Entscheiden Sie mehr nach dem Kopf, oder hören Sie auch auf Ihr Bauchgefühl? Vorausgesetzt, Sie halten sich für einen rein sachlichen Entscheider, haben Sie schon einmal gegen Ihr Bauchgefühl gehandelt und eine Fehlentscheidung getroffen? Welcher Satz eines Lehrers hallt bei Ihnen bis heute nach? Kommen Sie ohne Lob von Kollegen oder Ihrem Chef gut über den Tag? Was würden Sie einem Berufseinsteiger raten: Soll er seiner Neigung folgen oder

Prognosen über zukunftsträchtige Branchen? Finden Sie, dass es Männer im Berufsleben einfacher haben?

Einholung einer unabhängigen Zweit-Meinung: falls sich ein Bewerber dafür entscheidet, die mehr oder weniger standardmäßige Zusammenstellung von ansonsten üblichen Unterlagen um ein weiteres Analysepaket zu erweitern (beispielsweise um sich von der Masse der konkurrierenden Bewerbungen abzuheben und weitere Alleinstellungsmerkmale für sich zu verbuchen) sollte er vorab versuchen, hierzu eine weitere möglichst unabhängige Zweit-Meinung einzuholen. Denn je nach Blickwinkel, mit dem man auf eine Person schaut und diese beurteilt, kann auch die Bilanz im Ergebnis unterschiedlich ausfallen. Wenn ein Bewerber eine Personalbilanz als Eigenbild entwickelt würde dies eine Reihe von Vorteilen ermöglichen, wie beispielsweise: der Bewerber wird dazu angeregt, seine eigene Situation und Ausgangslage gründlich und umfassend zu durchdenken. Oder: der Bewerber wird indirekt zum ganzheitlichen Denken geführt und kann sich einen umfassenden Überblick über Ist-Zustand und ausschöpfbare Potentiale seiner beruflichen Entwicklung verschaffen. Oder: der Bewerber erhält mit einer SWOT-Analyse vergleichbare Ergebnisse, d.h. konkrete Hinweise zu Stärken und Schwächen sowie zu Chancen und Risiken. Oder: die systematisch und methodisch durchgängige Selbsteinschätzung von Fähigkeiten und Eigenschaften erleichtert die Feststellung des eigenen Marktwertes. Oder: aufgrund detaillierter Eigenbildanalyse kann der Bewerber seine Möglichkeiten realistischer kalkulieren und geht somit besser vorbereitet in Personal-

und Gehaltsgespräche. Oder: der Bewerber kann sich glaubwürdiger vermarkten, da übliche Bewerbungsunterlagen und Zeugnisse mit einer detailliert ausgearbeiteten und nachvollziehbar begründeten Personenbilanz unterfüttert werden. Oder: der Bewerber gewinnt an Akzeptanz, wenn er auch für seine eigene Person und berufliche Entwicklung unternehmerisches Denken und Vorgehen unter Beweis stellen kann.

Zusätzliche Erkenntnisse lassen sich dadurch gewinnen, dass über die aus einer Innensicht erstellten Bewertungskurven zusätzlich aus einer Außensicht erstellte Bewertungskurven gelegt werden. Eine solche Bewertung durch Dritte könnte beispielsweise erfolgen: durch Bekannte, Kollegen u.a., die möglichst neutral urteilen können. Oder: durch unabhängige Personen wie beispielsweise Personalberater. Oder: über die Stellenbeschreibung der zu besetzenden Position. Voraussetzung für einen derartigen Kurvenvergleich ist die Verwendung des gleichen Bilanzierungs-Schemas, d.h. der gleichen Bewertungsfaktoren und -gliederungen. Besonders auffällige Abweichungen und Lücken in den Kurvenverläufen sollten eingehender auf ihre Ursachen hin analysiert und interpretiert werden. Beispielsweise sollte bei großen Abweichungen geklärt werden, welche Wertigkeit und welches Gewicht dem entsprechenden Faktor zugemessen werden soll oder welche Möglichkeiten zur Schließung von erkannten Lücken bestehen. Weiterbildungskosten pro Tag und Teilnehmer: pro Abteilung/Gesamt wird jeweils für Vorperiode, lfd. Periode und Planperiode errechnet: Abt. XY/Gesamt (Euro/Teilnehmer) = Summe Weiterbildungskosten : Anzahl Teilnehmer x Anzahl Tage.

Arbeitsleben mit Beschleunigung, Verdichtung und abnehmenden Reaktionszeiten – Korrelationsanalyse zwischen Mitarbeiterzufriedenheit und Arbeitsergebnis

Schneller ist besser: so das allgemeine Credo. Zeiten einer nie dagewesenen Beschleunigung reißen auch das Arbeitsleben mit. Erst wenige Jahrzehnte ist es her, als noch ein Bürobote gemächlich mit der Hauspost daherkam. Alles Schnee von gestern: wie viel Zeit lässt sich heute sparen. Und wie vielfältig sind die Möglichkeiten, was man mit dieser Zeiteinsparung alles tun könnte. Ein Leben Eiltempo wird jedoch nicht von allen gleichermaßen bejubelt. So manche meinen: Atemlosigkeit habe sich ihrer bemächtigt. Beschleunigung wird eher als Belastung empfunden. Der Kern liegt in den rasenden Fortschritten der Digitalisierung, die jede Form der Informationsbeschaffung und Informationsverarbeitung mit ungeheurer Schnelligkeit erlaubt. Allerdings sind mit diesen Errungenschaften aber gleichzeitig auch die Handlungserwartungen in die Höhe geschnellt: man kann und muss schneller reagieren, schneller entscheiden, sich schneller zurückmelden, schneller arbeiten und mehr Dinge in der gleichen Zeit erledigen. Beruflich und privat quasi in Echtzeit mit Reaktionszeiten, die gegen Null tendieren. Die Innovationsverdichtung ist fortwährend auf Wachstum getrimmt. Mehr Lebenstempo verengt gleichzeitig Autonomiespielräume. Obwohl die ganze Digitalisierung nicht auch zuletzt deshalb erfunden wurde und dazu dienen sollte, Freiheitsgrade zu erhöhen. Die Wucht der Beschleunigung konnte vor wenigen Jahrzehnten kaum erahnt werden und wird mittlerweile unter Überschriften wie beispielsweise Zeitwohlstand, Zeitnotstand oder Zeitsouveränität heiß diskutiert.

Mitarbeiter-Befragung: erst eine umfassende oder spezielle Mitarbeiterbefragung zeigt als detaillierte Bestandsaufnahme die vorhandenen Motivationspotenziale einerseits sowie die entscheidenden Leistungshemmnisse andererseits auf. Damit können auch zukünftige Qualifikationslücken rechtzeitig erkannt und geschlossen werden. Der Analyse der Zufriedenheit externer Kunden (Kundenzufriedenheit, Kundenbindung) entspricht die Analyse der Zufriedenheit interner Kunden (Arbeitszufriedenheit). *Allgemeine Fragen*: Wie beurteilen Sie Ihr Unternehmen als Arbeitgeber im Vergleich zu anderen Firmen, die Sie kennen? Alles in allem, wie zufrieden sind Sie zur Zeit insgesamt bei Ihrer Firma? Aus Ihrer eigenen Erfahrung, sind Sie zufrieden mit der Art und Weise wie Ihre Firma Respekt für den einzelnen Mitarbeiter zeigt (Beachtung der Rechte und Wünsche jeden Mitarbeiters der Firma) und dies nicht nur, wenn es zweckdienlich oder nützlich ist?

Fragen zur Arbeit und beruflichen Anforderungen: wie gefällt Ihnen Ihre Arbeit - die Art der Arbeit, die Sie ausführen? Haben Sie wirklich das Gefühl, dass Sie mit Ihrer Arbeit etwas schaffen und vollbringen? Finden Sie Erfüllung und Befriedigung in Ihrer Arbeit? Wie ist Ihre Meinung zur Zusammenarbeit und Kooperationsbereitschaft, die Ihnen von anderen Abteilungen mit denen Sie arbeiten, entgegengebracht wird? Wie ist Ihre Ansicht über den Arbeitsumfang, den Sie zu bewältigen haben?

Lässt Ihnen Ihre Arbeit, Ihrer Ansicht nach, ausreichend Zeit für Ihr Privat und Familienleben? Können Sie in Ihrer Arbeit Ihre Fähigkeiten und Kenntnisse voll einsetzen? Könnte ein Großteil Ihrer Arbeit ebenso gut von jemandem erledigt werden, der geringere Fähigkeiten und eine weniger gute Ausbildung hat? Haben Sie ausreichende Handlungs- und Entscheidungsspielräume? Halten Sie die Ihnen übertragene Verantwortung für angemessen?

Fragen zu Gehalt und Nebenleistungen: Wie beurteilen Sie Ihr Einkommen unter Berücksichtigung Ihrer Pflichten? Wie beurteilen Sie Ihr Einkommen, wenn Sie berücksichtigen, was Sie anderswo verdienen könnten? Sind Sie augenblicklich zufrieden mit Ihren zusätzlich zum Gehalt gebotenen Nebenleistungen? Sind Sie mit den vorhandenen Arbeitsbedingungen zufrieden?

Fragen zu Leistungsbeurteilung und beruflichem Fortkommen: Sind Sie der Ansicht, dass Sie in Ihrer letzten Leistungsbeurteilung korrekt und richtig beurteilt wurden? Sind Sie mit Ihren Möglichkeiten, sich beruflich weiterzuentwickeln, zufrieden? Wie wurden Ihre Zielsetzungen für das laufende Jahr festgelegt?

Fragen zu Management und Führungsverhalten: wie gut ist die Arbeit, die Ihre direkten fachlichen Vorgesetzten Ihrer Ansicht nach leisten? Alles in allem, wie würden Sie die Führungsfähigkeit Ihres direkten Vorgesetzten bezügl. kaufmännisch/ technischer Verantwortlichkeiten beurteilen? Alles in allem, wie würden Sie Ihren direkten Vorgesetzten in Bezug auf Menschenführung beurteilen?

Fragen zu Aus- und Weiterbildung: was ist Ihre Ansicht über die Ausbildung, um Ihnen die Fähigkeiten zu vermitteln, die Sie für die effektive Erledigung Ihrer Arbeit benötigen? Hindert Sie etwas daran, die Weiterbildungsmöglichkeiten und -angebote zu nutzen?

Fragen zur Leistungsfähigkeit: finden Sie dafür Anerkennung, wenn Sie Ihre Leistung oder die der Ihnen unterstellten Mitarbeiter verbessern? In welchem Umfang verstehen Sie, wie die einzelnen Leistungen in Ihrer Abteilung gemessen werden? Wie beurteilen Sie Ihre Abteilung in Bezug auf Innovation, u.a. der Suche nach neuen und besseren Arbeitsmethoden? Sind Sie zufrieden mit der Anerkennung, die Sie erhalten, wenn Sie gute Arbeit geleistet haben? Entspricht die Effizienz, mit der Ihre Abteilung geführt wird, Ihren Vorstellungen? Gibt Ihnen Ihr Vorgesetzter ausreichend Gelegenheit, Arbeitsprobleme aufzuzeigen und sie zu lösen?

Fragen zu Unternehmenszielen: entspricht die Offenheit des Managements Ihrer Firma bei der Weitergabe von für Sie wichtigen Informationen Ihren Vorstellungen? In welchem Umfang werden Ihnen die Ziele und Zielvorstellungen Ihrer Firma transparent gemacht? Gehen Sie davon aus, dass die Führungskräfte Ihrer Firma die Ergebnisse dieser Umfrage in konstruktiver Weise nutzen werden? Sind Sie zufrieden mit den in den letzten

12 Monaten erhaltenen Informationen über Themen, die für Sie in Bezug auf Ihre Firma wichtig erscheinen? Sind Sie zufrieden mit den Informationen, die Sie in den letzten 12 Monaten zur Personalpolitik erhalten haben? Sind Sie zufrieden mit den Informationen, die Sie innerhalb der letzten 12 Monate zu den Strategien Ihrer Firma erhalten haben? Sind Sie zufrieden mit den Informationen, die Sie über das nationale geschäftliche und wirtschaftliche Umfeld erhalten haben? Wie begegnet Ihrer Meinung nach Ihre Firma den neuen Herausforderungen, die durch das sich schnell verändernde geschäftliche/wirtschaftliche Umfeld geschaffen werden? In welchem Umfang ermutigt Sie die Firma, sich persönlich verpflichtet zu fühlen, Arbeit höchster Qualität zu leisten? Wie beurteilen Sie Ihre Befugnis/ Verantwortlichkeit, die Ihnen innerhalb der Firma übertragen wird? In welchem Umfang gibt Ihr Vorgesetzter ein positives Beispiel dafür, dass Delegation wirklich von Bedeutung ist?

Grundsätzlich lässt sich folgender Zusammenhang feststellen: je höher die Arbeitszufriedenheit desto geringer die Fehlzeiten, je höher die Arbeitszufriedenheit desto geringer die Fluktuation, je höher die Arbeitszufriedenheit desto besser das Arbeitsergebnis und je höher die Arbeitszufriedenheit desto geringer die Unfallhäufigkeit. Eine mögliche Methode, eine Bewertung anhand von vorher festzulegenden Beurteilungskriterien zu unterziehen, besteht in der Vergabe von Punkten. Dabei sollen in einem Punkte-Bewertungsverfahren die Ergebnisse der Mitarbeiter-Befragung anhand von vorher festzulegenden Beurteilungskriterien bewertet werden, d.h. pro Kriterium sollen auf einer beliebigen Punkteskala, (beispielsweise von 0-10, je nach dem Grad der Erfüllung des jeweiligen Beurteilungskriteriums) Punkte vergeben (0 = Kriterium nicht erfüllt, 10 = bestmögliche Erfüllung des Kriteriums) werden. Notwendige Daten: a) Bestimmung der Kriterien (die für die Bewertung heranziehbaren Kriterien werden möglichst umfassend aufgeschrieben und auf eventuell vorhandene Überschneidungen hin untersucht, b) Gewichtung der Ziele (die Bedeutung der einzelnen Kriterien wird durch eine prozentuale Gewichtung festgelegt. c) Wahl der geeigneten Skalierung (für die Zuordnung von Erfüllungsgraden der Zielkriterien ist eine geeignete Skalierung erforderlich, beispielsweise eine Skalierung von 1 bis 10, d) Festlegung und Bewertung, d.h. die Angabe des Grades, mit dem das jeweilige Kriterium der Mitarbeit-Zufriedenheit erfüllt wird. Die festgelegten Beurteilungskriterien werden mit einer Gewichtungskennziffer versehen, die vom Befragten seinem Anforderungsprofil entsprechend festgelegt wird. Danach Bewertung der Mitarbeiter-Zufriedenheiten mit Punktwerten plus Gewicht d.h. durch die Multiplikation von Gewichtskennziffer mit Punktzahlen wird für die jeweilige Bewertung eines Kriteriums eine nunmehr gewichtete Bewertungsziffer errechnet.

Arbeitszeit ist nicht nur auch (irgendeine) Lebenszeit, sondern eine wesentliche - also ein Hauptgrund dafür, dass man sich auch (oder gerade) an seinem Arbeitsplatz wohlfühlen sollte (muss)

Voraussetzung für zufriedene Kunden sind zufriedene Mitarbeiter. Positiv ausstrahlende Leitbilder sollen im Idealfall (die Praxis sieht oft anders aus) Mitarbeiter motivieren. Sie sollen eine Art Gerüst bilden, an dem sich Mitarbeiter entlang hangeln können, sie sollen (moralische) Standards und Werte vermitteln und Orientierung für den Umgang miteinander bieten. Oft allerdings klingen Leitbilder eher blutleer und hohl, wie aus einem Handbuch übernommen und haben zu wenig mit dem Alltag gemein. Blicke hinter die Fassade belegen (nur allzu) oft, dass nur wenige Mitarbeiter eine hohe emotionale Bindung an ihren Arbeitgeber aufweisen und deshalb bereit wären, sich für dessen Ziele voll einzusetzen. Stattdessen: Dienst nach Vorschrift oder gar die innere Kündigung. Unglückliche Mitarbeiter vermiesen nicht nur sich sondern auch den Kollegen die Stimmung, sind mehr oder weniger immer auf dem Sprung und versuchen (im schlimmsten Fall) ihr Wissen bei der Konkurrenz unterzubringen.

Offenbar scheint die Unzufriedenheit mit konventionellen Hierarchien ebenso groß zu sein wie das Bedürfnis nach alternativen Arbeitskulturen zuzunehmen scheint. wenn (zu) viele ihren Chef als zu streng, zu lasch empfinden, sich ausgebrannt fühlen, Beförderungen von Kollegen nur noch als ungerecht sehen können, alles in allem also kaum noch Spaß an ihrer Arbeit haben, so ist dies ein ernstes (Frühwarn-) Signal. Vielen, die auf der mittleren Ebene (hängen geblieben) sind, wurde vielleicht schon der Mut geradezu abtrainiert, sich für bessere Lösungen einzusetzen und dafür auch einmal Fehlerrisiken in Kauf zu nehmen. Sich als Fachkraft sich immer nur mit Blick auf die herrschende Meinung hin auszurichten, aber nach oben nichts zu sagen, frustriert auf Sicht gesehen. Gerade junge, gut ausgebildete Talente legen Wert auf ein gutes Klima und menschlich verständnisvolle Chefs; ist das Betriebsklima schlecht, gehen sie lieber woanders hin, als sich für ein höheres Gehalt tyrannisieren zu lassen". Denn Lohn ist immer nur ein Teil dessen, was von einem Mitarbeiter als Wertschätzung empfunden wird. Die Bereitschaft, auch mal Überstunden ohne direkte Bezahlung zu leisten dürfte steigen, wenn man im Gegenzug das Gefühl haben darf, etwas Sinnvolles zu leisten und ernst genommen zu werden.

In der Arbeitswelt nehmen Leistungsdruck, Zeitdruck und Multitasking weiter zu. Vor allem durch die ständige Erreichbarkeit (Handy, E-Mail) können (dürfen) viele Arbeitnehmer nicht mehr abschalten. Trotzdem: das Gehirn braucht auch einmal Zeiten der Ruhe: bekommt das Gehirn über längere Zeit nicht seine Mindestdosis Schlaf und Ruhe, steigt das Krankheitsrisiko. Werden Höchstleistungen abgerufen, steigen Herzschlag und Blutdruck. Dies aber geht immer nur kurzzeitig: danach muss man dies wieder herunterbringen. Immer mehr Menschen nehmen den Feierabend mit nach Hause: mittlerweile zieht sich so ein Verhalten aber durch fast alle Berufsgruppen und Hierarchieebenen. Besonders betroffen sind Menschen, die sich stark oder ausschließlich über den Beruf definieren. Besonders leistungsorientierte Menschen haben ein bewusstes Nichtstun oft völlig verlernt. Sie sollten (müssen) darauf achten, dann wenigstens nicht auch noch ihre Freizeit arbeitsähnlich durchzutakten. In der Theorie ganz einfach, in der Praxis ganz schwierig: sich eine Auszeit nehmen, Abstand gewinnen. Und gegebenenfalls bereit sein für neue Aufgaben. Zu groß sind oft Zweifel und Ängste: je länger man raus ist, desto größer die Gefahren der Dequalifizierung. Zweifellos erleichtert ein finanzielles Polster (das man nach Möglichkeit rechtzeitig anlegen sollte) die Entscheidung pro Auszeit. Für eine Auszeit taugen am besten Ziele, die man im durchgetakteten Berufsalltag nicht oder kaum verwirklichen konnte. In den meisten Fällen geht eine längere Auszeit mit einer Umbruchphase (privat oder beruflich) einher. Für Außenstehende ist es daher selten möglich, die wahren Motive für solche Bruchstellen in Karriereverläufen nachzuvollziehen.

Gewichtsstufen-Bewertung: werden für die Bewertung eine Vielzahl von Einzelkriterien innerhalb von Kriteriengruppen benotet und gewichtet, kann sich durch die reine Addition der hieraus errechneten Bewertungsziffern ein Ungleichgewicht ergeben. Es sollte daher noch eine zweite Beurteilungsstufe durchlaufen werden, bei der die Kriteriengruppen als Ganzes gewichtet und mit den relativierten Gruppenbewertungsziffern multipliziert werden. Die Addition dieser Werte ergibt eine Gesamtbewertungsziffer mit höherer Aussagekraft aufgrund eines 2-stufigen Gewicht-Bewertungsverfahrens.

Wissen manifestiert sich sowohl in internen Kommunikationsnetzwerken, dem „Unternehmensgedächtnis", als auch im Verbund mit externen Kooperationspartnern – wenn Wissenskrisen vielleicht auch Personalkrisen sind

Auch das Personalcontrolling unterliegt einem dynamischen Wandel und Anpassungsdruck: insbesondere der Umgang mit Wissen als Ressource wird für die Zukunft immer mehr zum entscheidenden Erfolgsfaktor, d.h. die Wettbewerbsfähigkeit eines Unternehmens wird vom bewussten und gezielten Umgang mit diesem immateriellen Rohstoff abhängen. Gegenüber dem Management klassischer Produktionsfaktoren hat das Management des Wissens seine Zukunft noch vor sich. Es wird immer mehr darauf ankommen, dass man wissensgestützte Produkte und Dienstleistungen nutzt, denn der Marktwert heutiger Produkte und Dienstleistungen basiert zu einem immer grösseren Teil auf deren Informationsgehalt. Dabei werden verschiedene Entwicklungsstufen durchlaufen: von der Daten- über die Informations- bis hin zur höchsten Wissensstufe. Der Wert eines Unternehmens ermittelt man immer mehr dadurch, indem man auf das Verhältnis von Daten, Informationen und Wissen schaut. Unternehmen, die sich „informationalisieren" können, werden besser da stehen als solche, die dies nicht können. Wenn sie darüber hinaus vorhandene Wissensbestände zu nutzen wissen, werden sie sogar noch stärker und wertvoller sein als die, die nur auf Informationen basieren. Zwischen Informationsproduzenten und -konsumenten werden neue Interaktionsformen realisiert. Es geht um die Lösung der Fragen: wie können Unternehmen mit der Dynamik des sie umgebenden Umfeldes mithalten?

aus welchen individuellen und kollektiven Wissensbeständen setzt sich die Wissensbasis zusammen, auf die ein Unternehmen zur Lösung seiner Aufgaben zurückgreifen kann? besitzen die Mitarbeiter die notwendigen Fähigkeiten, um das vorhandene Informationsangebot produktiv nutzen zu können? Wissen und Erfahrungen sind an Personen gebunden und daher können nur die Knowhow-Träger selbst diese Potenziale erschließen.

Gestaltungsfelder: Wissensmanagement umfasst alle Maßnahmen, die auf eine Ausweitung von Wissen oder auf eine verbesserte Nutzung gerichtet sind. Denn im Unternehmen verfügbare Wissensbestände erfüllen nur dann ihren Zweck, wenn durch sie das Aufgabenspektrum im beruflichen Kontext besser gelöst werden kann, d.h. das Unternehmen ist nicht nur an positiven Wissenszuwächsen an sich, sondern vielmehr daran interessiert, dass dieses Wissen auch an den Arbeitsplatz transferiert wird. Hierbei geht es um die Frage, welchen Beitrag zum Unternehmenserfolg der Erwerb von zusätzlichem Wissen erbringt. Wissensmanagement soll die Problemlösungskapazität des Unternehmens aufgrund der vorhandenen Fähigkeiten und Praktiken erhöhen und durch gezielte Beeinflussung die Wissensbasis verbessern. Zu den Gestaltungsfeldern des Wissensmanagements zählen Wissensziele, Wissensidentifikation, Wissensbewertung und -messung, Wissenserwerb, Wissensentwicklung, Wissensspeicherung/-bewahrung und Wissensnutzung und -verteilung.

Wissensziele: stimmen die Aktivitäten des Wissensmanagements auf die Gesamtziele des Unternehmens ab, u.a. durch Festlegung konkreter Ziele für alle Gestaltungsfelder. Um im Fähigkeitenwettbewerb bestehen zu können, müssen Kompetenzen aufgebaut und weiterentwickelt werden, Wissensvorsprünge müssen in konkrete Nutzungsstrategien umgesetzt werden. Fragen an das Unternehmen: welches Wissen ist heute und welches morgen entscheidend für Geschäftserfolge? worin liegen Sinn und Notwendigkeit von Wissenszielen? welches sind die besonderen Herausforderungen bei der Definition von Wissenszielen? ist bekannt, wo und wie stark die Hebelfähigkeiten des vorhandenen Wissens angesetzt werden können? werden die allgemeinen Unternehmensziele in strategische und operative Wissensziele übersetzt? wird überprüft, inwieweit Wissensziele erreicht wurden?

Wissensidentifikation: hierbei geht es darum, intern bereits vorhandene Wissensbestände erst einmal zu erkennen und dann in systematisierter Form sicht- und greifbar darzustellen. Bisher nicht oder separat genutztes Wissen soll dem Unternehmen als Ganzes zugänglich gemacht werden, Mehrfachaufwand durch redundante Wissensentwicklung soll vermieden werden. In der heutigen Wirtschaftswelt herrscht kein Mangel an Wissen. Unternehmen stehen vielmehr vor dem Problem, einen Überblick über das um sie herum explosionsartig anschwellende Wissen zu behalten. Wer im Wettbewerb erfolgreich agieren will, muss über vollständige Transparenz seiner vorhandenen Wissensbestände verfügen. Transparenz stellt sich nicht automatisch ein, sondern muss zielgerichtet und manchmal auch mühsam erarbeitet werden. Fragen an das Unternehmen: ist transparent, welches Expertenwissen in welcher Form, bei wem und wo bereits im Unternehmen vorhanden ist? welche Wissensbestände werden häufig genutzt und welche seltener?

Erfolgreiches Wissensmanagement ist auf praktikable Instrumente zur Wissensbewertung angewiesen. Insbesondere die Glaubwürdigkeit und Nachvollziehbarkeit einer zu erstellenden Wissensbilanz hängt ganz entscheidend von Angaben ab, die der zahlenorientierten Finanz- und Wirtschaftwelt vergleichbar sind. Das traditionelle Managementdenken konzentriert sich nach wie vor auf quantifizierbare Aussagen. Voraussetzung ist, dass das Netzwerk der Beziehungen zwischen einzelnen Komponenten des Intellektuellen Kapitals sinnvoll strukturiert wird, um darauf aufbauend dann geeignete Indikatoren ableiten zu können. Als Vorstufe zur direkten Quantifizierung bietet sich zunächst eine indirekte Bewertung an. Hierzu müssen zunächst die für das Unternehmen überlebenswichtigen Kernprozesse definiert und beschrieben werden. Hierzu ergänzend müssen die Faktoren herausgefunden werden, die für den Geschäftserfolg des Unternehmens von unmittelbar größter Wichtigkeit sind und hiermit in einem plausiblen Zusammenhang dargestellt werden können. In vielen Fällen wird man hierbei zu einer Mischung aus harten und weichen Indikatoren gelangen. Unter harten Indikatoren werden diejenigen verstanden, die sich eindeutig und direkt quantifizieren lassen (z.B. Anzahl neuer Kunden). Unter weichen Faktoren werden diejenigen verstanden, die auf einer qualitativen Basis indirekt gemessen werden (z.B. Kundenzufriedenheit).

Wissenserwerb: umfasst alle Maßnahmen zur Beschaffung extern verfügbarer Wissensbestände (Beziehungen zu Kunden und Lieferanten, zu Kooperationspartnern, zu Konkurrenten u.a.). Ebenso zählt hierzu die Beauftragung von Experten oder die Beschaffung von Wissensprodukten (Datenbanken, Software, Studien u.a.). Ziel ist es, das Wissen der Umgebung intelligent in die eigene Geschäftstätigkeit und die eigenen Fähigkeiten einzubeziehen. Es gilt, das interne Unternehmenswissen von außen um das Wissen der Finanzwelt, das Wissen der Kunden, das Wissen der Lieferanten, das Wissen der Öffentlichkeit oder das Wissen der Medien anzureichern. So beispielsweise besteht die Haupttätigkeit mancher Forschungs- und Entwicklungsabteilungen nicht in der Entwicklung neuer Verfahren und Produkte, sondern im intelligenten Erwerb externen Wissens (z.B. wenn sich immer mehr Pharmaunternehmen das Wissen von Biotechnologiefirmen einkaufen). Oder: Schlüsselkunden wissen als besonders intensive Nutzer häufig mehr über Stärken und Schwächen eines Produktes im täglichen Gebrauch als dessen eigentliche Entwickler selbst. Frage an das Unternehmen: welche externen Wissensquellen werden von dem Unternehmen bisher genutzt? Der Erwerb von Wissen ist ebenso zu behandeln wie eine Investition im materiellen Vermögensbereich: beispielsweise können auch für Wissensinvestitionen unterschiedliche Amortisationszeiten berechnet werden. Durch den Ankauf von Wissensprodukten gelangt ein Unternehmen aber nicht automatisch in den Besitz der hierzu gehörenden organisatorischen Fähigkeiten: dieses Potential muss vielmehr erst noch durch sinnvolle Integration in die bestehende Wissensbasis aktiviert werden.

Wissensentwicklung: umfasst alle Maßnahmen zur Neuentwicklung von Fähigkeiten, Produkten oder Prozessen (z.B. Forschung und Entwicklung, Marktforschung). Fragen an das Unternehmen: werden Leistungserstellungsprozesse auch als Prozesse der Wissensentwicklung gesteuert? wo sind im Unternehmen die Zentren der Wissensentwicklung? wird kontinuierlich versucht, implizites Wissen auch explizit sichtbar und bewusst zu machen? wird im Unternehmen die individuelle Kreativität gefördert? Obwohl heute die Wissensmärkte nahezu unbegrenzt und Wissensprodukte (z.B. Software, Blaupausen u.a., in denen „gefrorenes" Wissen steckt) für jede nur denkbare Anforderung jederzeit verfügbar scheinen, darf das Unternehmen niemals die eigenen Fähigkeiten zur Wissensentwicklung vernachlässigen oder gar verlieren. Denn dieses extern auf Märkten importierbare Wissen steht auch der Konkurrenz offen und lässt sich daher ohne zusätzliche Eigenentwicklung umso schwerer in Wettbewerbsvorteile umsetzen. Nur Wissen, das wirklich neu und nicht jedermann zugänglich ist, schafft die Basis für innovative Produkte und eine wachsende Wertschöpfung. Im Mittelpunkt der Wissensentwicklung steht daher die Entwicklung neuer Ideen und besserer Fähigkeiten. Dieses Gestaltungsfeld des Wissensmanagement ist somit eng mit dem Innovationsmanagement gekoppelt. Niemand kann dazu gezwungen werden, einen genialen Einfall zu haben (auch nicht durch eine Verdopplung von Forschungsbudgets). Der Prozess der Wissensentwicklung bewegt sich daher auch im kreativen Bereich und ist dementsprechend schwerer steuerbar, jedenfalls kaum planbar.

Wissensspeicherung: umfasst alle Maßnahmen zur Bewahrung der vorhandenen Wissensbestände. Neues, wertvolles Wissen entsteht oft im Rahmen von Projektarbeiten. Unternehmen müssen deshalb gezielte Maßnahmen ergreifen, um das im Projektverlauf entstandene Wissen zu bewahren (Erfahrungssicherung). Fragen an das Unternehmen: gibt es einen systematischen Entscheidungsprozess darüber, welches Wissen auf welchem Medium gespeichert wird? umfasst die Wissensspeicherung Konzepte zum einfachen Wiederauffinden von Wissen? werden durch Outsourcing unreflektiert Teile des organisatorischen Gedächtnisses gelöscht? entstehen Wissenslücken, wenn Mitarbeiter das Unternehmen verlassen? werden Projektergebnisse (lessons learned) systematisch für zukünftige Wiederverwendungen gesichert? wird Erlebtes und Erfahrenes über den Augenblick hinaus bewahrt? Nicht selten hat ein Unternehmen die Erfahrung gemacht, dass über Outsourcing-Maßnahmen auch wertvolles Wissen verloren ging, das kurze Zeit später über teure externe Beraterhonorare zurückgekauft werden musste. Im Zuge von Reorganisationen können wertvolle Teile des Unternehmensgedächtnis untergehen. Ein Grundsatz der Wissensbewahrung lautet, dass alte Erfahrungen nicht von neuem Wissen überschrieben und damit für immer gelöscht werden sollten. Auch aus juristischer Sicht kann die Bewahrung von Wissensdokumenten bedeutsam sein. Nachdem in einem ersten Schritt bewahrungswürdiges Wissen von weniger wichtigen Wissensbestandteilen getrennt wurde, muss in einem weiteren Schritt über eine organisatorisch angemessene Form der geeigneten Speicherungsformen und -techniken entschieden werden, d.h. wie das elektronische Gedächtnis des Unternehmens am besten zu digitalisieren ist.

Wissensnutzung und -verteilung = Turning Knowledge into Cash: Wissen ist die einzige Ressource, die sich durch Gebrauch vermehren lässt. Bezüglich Erfahrungswissen ist es wichtig, dass für den notwendigen Wissenstransfer Erfahrungsprofile der Mitarbeiter dokumentiert und gepflegt werden. Gespeichert werden Daten über die Expertise von Mitarbeitern, Universitäts- und Industriekontakten. Oft ist es hilfreich, Berichte vergangener Projekte zu durchforsten und zugänglich zu machen. Es geht um die Verknüpfung des internen methodischen Knowhows mit dem jeweiligen Anwendungsbereich: nur wer schnell und einfach auf Vorhandenes zurückgreifen kann, gewinnt Freiräume für kreative neue Lösungswege. Je besser es dem Unternehmen gelingt, sein Wissen zu lokalisieren und gezielt einzusetzen, desto mehr kann es sich gegenüber seinen weniger wissensbewussten Konkurrenten absetzen. Das für Problemlösungen benötigte Wissen soll zur richtigen Zeit am richtigen Ort verfügbar sein. Fragen an das Unternehmen: wird häufig Wissen geheim gehalten, weil damit Macht und Ansehen verbunden ist? bleibt das wichtigste Wissen häufig auf einzelne Mitarbeiter beschränkt? werden Techniken der Wissensmultiplikation eingesetzt? werden Wissens- und Kompetenznetzwerke aufgebaut und genutzt?

Wissensbilanz bündelt Entwicklungspotentiale: trotz zahlreicher Einzelaktivitäten im Zusammenhang mit dem Zukunftsrohstoff „Wissen" gibt es an vielen Stellen noch Lücken, die eine bestmögliche Ausschöpfung der in ihm steckenden Entwicklungspotentiale behindert. Insbesondere fehlt vielfach noch ein in sich schlüssiges Konzept bzw. Instrument, mit dem sich alle Einzelkomponenten des Intellektuelle Kapitals vollständig und mit einheitlicher Systematik abbilden lassen. In einer zahlenorientierten Finanzwelt reichen hierzu nur verbale Darstellungen nicht aus. Eine der Hauptursachen, warum der Rohstoff „Wissen" trotz seines rasant steigenden Anteils an der Herstellung heutiger Produkte und Dienstleistungen bislang so wenig sicht- und greifbar gemacht wurde, liegt in der komplizierteren Bewertung und Messung immaterieller sogenannter „weicher" Faktoren begründet. Die Wissensbilanzierung ist auf dem Weg zu einer zahlenmäßigen Erfassung auch immaterieller Vermögensbestandteile inzwischen ein gutes Stück des Weges vorangekommen und hat hierfür auch praxistaugliche Instrumente, Verfahren und Software entwickelt. Diese ermöglichen es nicht nur, sich in einem hochkomplexen Wissensumfeld Wettbewerbsvorteile zu verschaffen, sie machen durch ihre Annäherung an die in der Wirtschaft gängige Zahlenwelt auch eine Nachvollziehbarkeit für außenstehende Dritte möglich. Das Vermögen eines Unternehmens lässt sich damit nicht nur über herkömmliche Bilanzen von seiner materiellen Seite her durchleuchten, sondern nunmehr auch über das Instrument der Wissensbilanz von seiner immateriellen Seite des Intellektuellen Kapitals her.

Besonders wissensbasierte Unternehmen werden damit erst vollständig und sicher bewertbar. In einer zunehmend informationsbasierten Wirtschaftswelt wird damit die Wissensbilanz nicht nur zu einem Führungsinstrument der Zukunft, sondern auch in den Beziehungen zu Kapitalgebern, Investoren, Kreditinstituten u.a. zum unverzichtbaren Bestandteil der Unternehmensdokumentation werden. Gegenüber der üblichen Bilanzierung materieller Wirtschaftsgüter hat das heutige Instrumentarium der Wissensbilanzierung bereits einen entscheidenden Vorteil: es werden auch die zwischen einzelnen Kapitalkomponenten bestehenden Beziehungen hinsichtlich ihrer Wirkungsstärke und Wirkungsdauer sichtbar gemacht. Aus diesem ohne entsprechende Instrumente kaum durchschaubaren Beziehungsgeflecht lassen sich diejenigen Maßnahmen herausfiltern, die aufgrund ihrer hohen Hebelwirkung für die zukünftige Entwicklung des Unternehmens das größte Potential erwarten lassen. Vielleicht ist es kein Zufall, dass eine Finanz- und Wirtschaftskrise ausgerechnet im Zeitalter des Internets stattfindet. D.h. dem Zeitalter der unbegrenzten Daten- und Informationsfülle, dem Zeitalter der weltweit möglichen Daten- und Informationsabrufe. Die Fähigkeiten, Daten und Informationen zu Wissen verarbeiten zu können, haben mit der weltweiten Vernetzung offenbar nicht immer Schritt halten können. Im Gegenteil: An manchen Stellen scheint der Blick für das Wesentliche verlorengegangen zu sein.

Wissenskrise = Personalkrise: nirgendwo ist belegt, dass die Finanzkrise = Wissenskrise etwa die Krise einer bestimmten politischen oder wirtschaftlicher Ordnung sei. Vielmehr ist sie ebenso wie die Schweinegrippe grenz- und kontinentüberschreitend ansteckend und allein von Menschen gemacht. Wenn denn die Finanzkrise eine Wissenskrise ist, so wäre dieses Wissen bzw. nicht vorhandene oder fehlerhaft benutzte Wissen immer untrennbar mit Personen verbunden. Der Kreis dieser Personen ließe sich allein mit gesundem Menschenverstand weiter eingrenzen. Es sind weder Sachen noch falsche Theorien oder unzureichende Wissenschaften, die in eine Finanzkrise = Wissenskrise geführt haben können. Zu kurz gesprungen wäre es, hierfür Lücken der Wirtschaftswissenschaften oder mangelnde Kompetenz der Wirtschaftswissenschaftler herhalten zu lassen. So ist allgemein unbestritten, dass die Finanzkrise = Wissenskrise keine Krise der Arbeitnehmer, sondern eine der Manager und Führungskräfte ist. Und: die Finanzkrise = Wissenskrise aufgrund der vorherrschenden Besetzung von Führungspositionen in Politik und Wirtschaft deshalb auch eher männlich denn weiblich ist. Und: von der Altersgruppierung sind es weder die Jungen noch die Alten, die hierfür verantwortlich gemacht werden können.

In der hochangesehenen Frankfurter Allgemeinen Zeitung erschien ein Artikel zum Thema Finanzkrise, aus dem einige Passagen wörtlich ohne größere Änderungen übernommen werden sollen: die Erfindungen der Finanzmathematik haben der Welt einen Aufschwung beschert. Ihre Fehler haben die Welt in die

Krise gestürzt. Die Möglichkeiten der Finanzmathematik sind offenbar erheblich überschätzt worden – und diese Überschätzung war einer der wichtigsten Gründe dafür, dass die Wirtschaft in die tiefste Rezession der Nachkriegsgeschichte geraten ist. Neue Wertpapiere mit verbrieften zweitklassigen Immobilien-Krediten konnten nur entstehen, weil Banken und Ratingagenturen sich auf die neuartigen Risikomodelle verließen, die sagten: Nie und nimmer gehen da alle Schuldner auf einmal pleite. Doch jeder weiß: die Modelle hatten deren Sicherheit überschätzt. Dabei hat die Mathematik in ihrer Geschichte schon einige Finanzrisiken unter Kontrolle gebracht. Aber die Modelle waren falsch. Es gab zu wenige Daten, um die Modelle zu testen. Und kaum einer kümmerte sich um die Schwächen. Nur eines hat den Risikomodellen der Banken gefehlt: eine zuverlässige Vorstellung darüber, wie verschiedene Risiken voneinander abhängen. Die Banken hatten Lücken in ihren Risikomodellen. Nun wissen Mathematiker, dass sich das nie ganz vermeiden lässt. Schließlich ist ein Modell immer nur eine Vereinfachung der Wirklichkeit, d.h.: wer ein Modell benutzt, darf sich nicht blind auf die Ergebnisse verlassen. Aber genau das ist in vielen Fällen passiert. Die Risikomanager nahmen die Zahlen, die ihre Computer ausspuckten, weitgehend ungeprüft hin (Anmerkung des Autors: was haben die hochbezahlten Wirtschaftsprüfer gemacht?). Man vergisst leicht die Annahmen, die den Modellen zugrunde liegen. Gelegentlich (Anmerkung des Autors: nein, immer!) muss man fragen, was hinter den Formeln steckt. Auch die mit der Finanzkrise notwendigerweise neu entwickelten Formeln werden nur die Risiken umfassen, die sich irgendjemand vorstellen kann, alles andere eben nicht.

Dieser Artikel ist ein plastisches Beispiel für fehlerhafte Ursachenanalysen, bei denen die Schuld für eine globale Krise zunächst bei fehlenden Daten, falschen Modellen oder gar der Finanzmathematik als solcher gesucht wird. Falls dem so wäre, hätte man in der Vergangenheit diesen die hohen Gehälter, Boni oder Abfindungen vergüten müssen. Manager und Verantwortliche, die nur blind irgendwelche Computerausdrucke nachbeten können, sind ihre Bezüge nicht wert. Man muss der FAZ dann allerdings anrechnen, dass in einem begleitenden Interview zu diesem Artikel, dessen verzerrte Aussagen (Anmerkung des Autors: Thema verfehlt) zumindest teilweise korrigiert werden und festgestellt wird: die Mathematik an sich hat natürlich keine Schuld an der Krise, auch nicht ihre Modelle. Denn die liefern nur Entscheidungshilfen. Schuld sind die Menschen, die auf dieser Grundlage die Entscheidungen getroffen haben. Womit sich der Kreis schließt und wir wieder beim Ausgangspunkt angelangt sind, nämlich der These, dass Finanzkrise = Wissenskrise = Personalkrise sei!

Ein weiteres Glied in der Argumentationskette zur Verlagerung der Verantwortung von Personalfaktoren auf systemische Faktoren ist die Beschreibung eines für das Finanzsystem nicht angemessenen Regelwerkes. In welchem Regelwerk auch immer aber sollten hochbezahlte Entscheidungsträger die ihnen unterstellten Unternehmenseinheiten an oder in den Abgrund führen dürfen?

Um dann gleich noch die übrige Weltwirtschaft infizieren und mit in den Strudel hineinzuziehen? Fehlende Regeln dürfen kein Erklärungs- und schon überhaupt kein Entschuldigungsgrund sein. Wenn beispielsweise ein hochrangiger Entscheidungsträger von seiner Yacht auf hoher See ins offene Meer springen und dort ertrinken würde? Wäre er damit wegen fehlender Verbote oder Gesetzesregelung aus seiner eigenen Verantwortung entlassen? Auch der Auftrag oder die Erlaubnis zu einer derartigen Finanzkrise wurde von niemandem erteilt. Man kann es drehen und wenden wie man will: es bliebe bei der angenommenen Wirkungskette aus Finanzkrise = Wissenskrise = Personalkrise.

Personalkrise = Auswahlkrise: wenn man beim Studium der Wirtschaftsnachrichten zu dem Ergebnis gelangt, dass der Kern der Finanzkrise = Wissenskrise = Personalkrise in Personen, sprich Menschen begründet ist, so kann man sich die Zusatzfrage stellen, aufgrund welcher Kriterien und Verfahren die Personen an jene Schalthebel gelangt sind, mit denen unser gesamter Erdball in eine solche Krise gesteuert werden konnte. Sollten in einem quasi globalen Ausmaß falsche bzw. für die betreffende Verantwortung nicht geeignete Personen ausgewählt worden sein, so wäre es an der Zeit, die Kriterien solcher Auswahlverfahren zu überdenken und neu zu justieren. Sollten für ihre Aufgaben die richtigen, d.h. am besten geeigneten Personen ausgewählt worden sein, so wären Fehlentwicklungen erst im Verlauf der Stellenbesetzung aufgetreten. Trotzdem wäre auch hier die Frage zu stellen, ob man dieses seitens der personalentscheidenden Instanzen nicht hätte voraussehen können oder müssen oder hätte zumindest erahnen und einkalkulieren müssen. In jedem Fall ist die Finanzkrise = Wissenskrise = Personalkrise nicht nur allein eine Krise von handelnden und damit direkt verantwortlichen Personen. In einem zweiten Schritt stehen auch die Zuarbeiter, Entscheider und Aufsichtspersonen für diese Stellenbesetzungen mit in der Verantwortung.

Lernen kann man hieraus, dass schwerwiegende Folgen entstehen können, wenn in der Personalpolitik u.a. eine Vorstellung verfolgt wird, nach der auf Dauer aus kurz immer lang gemacht werden könne. D.h. eine langfristige Strategie in einem kurzatmigen Umfeld, in dem nur von Tag zu Tag gedacht wird, erfolgreich gemacht werden könnte. Eine Vorstellung verfolgt wird, die darauf baut, das Gewesene aus der Vergangenheit in die Zukunft fortschreiben zu können. Langfristiges Denken laufend mit kurzfristig veränderten Annahmen überlagert wird, ganzheitliches Denken von selektiven Wahrnehmungen verdrängt wird. Man kann sie bis in das politische Leben hinein verspüren: die Angst vor dem eigenen Urteil. Selbst große Parteien verstecken sich gerne hinter dem Urteil ihrer Wähler. Der Souverän hat es so gewollt, hat ja so entschieden. Ganz ähnlich wenn Manager nur oder vor allem nach Gewinn und Umsatz bewertet und entlohnt werden. Auch dann braucht man nicht sich selbst als Punktrichter zu verantworten. Denn hierüber hat ja der Markt oder noch besser der Kunde als angeblicher König entschieden. Keine Diskussionen, es liegt alles auf dem Tisch und solange es aufwärts geht, sind es alle zufrieden. Man stelle sich einmal vor, der Vorstand des Fußballvereins sollte seinen Trainer kompetent beurteilen, wenn man ihm hierfür die Stütze und den Vorwand des Tabellenstandes wegnehmen würde.

Allerdings kann der in diesem trügerischen Bild alles richtende Markt mit seinem Urteil auch sehr ungerecht werden. Und dies nach beiden Seiten hin. Das Band zu den individuellen Leistungen und Fähigkeiten eines Managers ist oft so locker, dass es kaum noch wahrnehmbar ist, manchmal gibt es überhaupt keines. Wenn beispielsweise der Vorstand eines Konzern innerhalb eines Jahres Millionenbeträge im hohen zweistelligen Bereich einstreichen darf. Und das nur aufgrund von Finanzspekulationen und Wetten, d.h. ohne Zusammenhang mit realwirtschaftlichen Leistungen. Nicht selten und nicht zuletzt in der Krise können die für die Managerbeurteilung ausgewählten Marktindikatoren auch das genaue Gegenteil von dem anzeigen, was die wirklichen Qualitäten einer Person ausmacht. Alles in allem hat die Krise schonungslos deutlich gemacht, dass ein Davonlaufen vor Evaluierungsschwierigkeiten nicht eine der vielen menschlichen Schwächen offenbart, sondern aufgrund der damit verursachten Verwerfungen einer weltweiten Finanzordnung schlimme Folgen für alle, dazu meistens noch Unbeteiligte haben kann.

Tsunami-Effekt kopierter Auswahlkriterien: geht man durch die Büroviertel einer Wirtschaftsmetropole wie beispielsweise Frankfurt am Main, so drängt sich oft der Eindruck von einem konformen Typus der dort Arbeitenden auf. Dies mag vielleicht an der in dieser Stadt vorherrschenden Bankenwelt liegen.

Trotzdem wird man den Gedanken an ein vielleicht dahinter liegendes Einheitsschema nicht los. Schaut man in den Zeitungen auf die dort geschalteten Personalanzeigen, so zeigen auch diese ein immer wiederkehrendes, nahezu deckungsgleiches Formulierungsmuster. Für Führungskräfte scheint als oberstes Auswahlkriterium die erhoffte Fähigkeit zur kurzfristigen Gewinnmaximierung zu gelten. Die Formel der kurzfristigen Gewinnmaximierung enthält gleich mehrere Gefahren der Fehl- bzw. Falscheinschätzung:

kurz: d.h. es soll alles möglichst schnell, am besten gleich sofort erledigt werden. Auch wenn das Leben des Menschen kurz ist, so dauert es in der Regel doch länger als ein paar Quartals- oder Saisonergebnisse. Wie ein Wirtschaftsleben auf Dauer funktionieren soll, wenn die in ihm Handelnden und Verantwortlichen einem Zeithorizont von gerade einmal 3-6 Monaten folgen sollen, bleibt rätselhaft.

Gewinn: dessen Erzielung ist zwar die Triebfeder wirtschaftlichen Handelns, bleibt aber als oberstes oder vielleicht gar einziges Auswahlkriterium für Führungskräfte nicht nur zweifelhaft, sondern mit Blick auf die Finanzkrise eindeutig falsch.

Maximierung: das Ziel der Maximierung ist bereits für sich alleine betrachtet schon fragwürdig genug. In Verbindung mit den beiden anderen Elementen des hier besprochenen Auswahlkriteriums, nämlich dem Gewinn und der gleichzeitigen Kurzfristigkeit, wird es zu einer Zeitbombe. Nämlich dann, wenn alle Führungskräfte bei der Auswahl durch die gleiche Schablone gesiebt werden und dann mit dementsprechend gleichen Eigenschaften auch auf die gleiche Weise denken, entscheiden und handeln. Wenn alle Personen, die an den Stellhebeln der Wirtschaft und damit zumindest indirekt auch an denen des politischen Systems sitzen mit dem gleichen Zeithorizont in die gleiche Richtung marschieren, braucht man nicht mehr allzu viel an Phantasie, um sich hieraus ergebende Konsequenzen und Gefahren vorstellen zu können. Das Bild einer sich mehr und mehr hochschaukelnden Tsunami-Welle ist allseits bekannt.

Für Consultingfirmen steht bei der Suche nach High-Potentials interkulturelle Kompetenz ganz oben auf ihrer Wunschliste – für wissensintensive Berufsfelder ist die Beratungstätigkeit ein ideales Trainings- und Bewährungsfeld

Für Berater zählt das Gespür, mit verschiedenen Kunden zusammenzuarbeiten und mit unterschiedlichen Arbeitsbedingen und Kulturen zurechtzukommen. Für das Gelingen einer Beraterkarriere sind solche Eigenschaften als sehr wichtig einzuschätzen und manchmal geradezu unabdingbar. Die Unternehmensberatung mit ihren Anforderungen ist hierfür ein ideales Trainings- und Bewährungsfeld: bei der vielen Beratungsprojekten eigenen organisatorischen Vielfalt können Berater nicht umhin, gerade solche Kompetenzen zu stärken. Arbeitsbedingungen verändern sich heute schneller denn je, Unternehmen stellen sich internationaler auf und kooperieren häufiger mit anderen. Also genau das Arbeitsfeld, das Berater tagtäglich anzutreffen gewohnt sind. Es kommt darauf an, unterschiedlichste Situationen rasch erfassen und verarbeiten zu können und gemeinsame Arbeitsweisen mit ständig wechselnden Mitarbeitern zu gestalten, ohne etwaige Frustrations- oder Bedrohungsgefühle aufkommen zu lassen. Und: in jeder Situation selbstreflexiv mit eigenem Verhalten und eigenen Emotionen umzugehen, in Gruppen zurechtzukommen, mit denen man nicht vertraut ist.

Technik formt neue Strukturen des Wissens und verändert bisherige Restriktionen der Zeitlichkeit: Eindrücke, die im Verlauf von Beratungsprojekten gesammelt werden, bringen einen ein

Leben lang weiter. Als Einzelpunkte eines Beratungsprojektes müssen definiert werden, welche Endergebnisse sollen konkret angestrebt werden, welche Arbeitsschritte sind voraussichtlich erforderlich (detailliertes Arbeitsprogramm), welche Meilensteine müssen im Projektverlauf wann realisiert sein, wer hat wann welche Aufgabe zu lösen, wer soll welche Verantwortung tragen, wer trägt welches Risiko, detaillierte Zeit- und Kostenschätzung. Fragen, die ein Unternehmen vorher klären muss: ist es in der Lage, für das Projekt die erforderliche Zeit aufzubringen? Ist eindeutig festgelegt und abgesprochen, für welche Ergebnisse was bezahlt werden muss? Sind die Erwartungshaltungen zur Zusammenarbeit mit dem Consultant (Problemstellung, Kosten, Meilensteine, Vorgehensweise u.a.) detailliert festgelegt? Passt der ausgewählte Berater fachlich, persönlich (in Bezug auf seine Methoden, sein Selbstverständnis) zum Unternehmen? Hat das Unternehmen die erforderlichen Kontrollinstrumente über den Projektverlauf (Zwischenergebnisse, Abstimmungszeitpunkte)?

Denn auch der klassische Besitz von Wissen verändert sich durch technische Innovationen: Technik formt auch Strukturen des Wissens und beeinflusst die Modalitäten des Entstehens von Wissen. Der Wandel von Wissen verändert die uns umgebende Welt einschließlich Reaktionen des Bewusstseins, elektronische Technologien verändern traditionelle Denkstrukturen. Der Wandel der Kommunikationsformen hat Auswirkungen: elektronische Kommunikation überspringt und verschiebt Grenzen, verändert Bedingungen und bisherige Restriktionen der Zeitlichkeit. Während früher die Sphäre des Privaten auf mündlicher Kommunikation basierte, mündet dies heute vor dem Hintergrund technologischer Verschiebungen in sozialen Netzwerken. Die Konfrontation mit den Herausforderungen der digitalen Revolution verlangt nach dem Verstehen dessen, was da geschieht. Bevor dies aber möglich wird, müssen Strukturen und Prozesse der in immer schnellerer Folge einstürmenden elektronischen Technologien aber erst einmal identifiziert und erfasst werden. So hat der klassische Besitz von Wissen über das Gedächtnis an Bedeutung verloren: elektronische Medien schaffen neue Möglichkeitsräume in denen alles verfügbare Wissen auf jedem Laptop zugänglich gemacht werden kann. Mit der Anbindung an elektronische Systeme entstehen neue Szenarien mit einer fortschreitenden Virtualisierung des Geschehens. Schneller ist besser: so das allgemeine Credo. Zeiten einer nie dagewesenen Beschleunigung reißen auch das Arbeitsleben mit. Kaum drei Jahrzehnte ist es her, also noch ein Bürobote gemächlich mit der Hauspost daherkam. Alles Schnee von gestern: wie viel Zeit lässt sich heute sparen. Und wie vielfältig sind die Möglichkeiten, was man mit dieser Zeiteinsparung alles tun könnte. Ein Leben im Eiltempo wird jedoch nicht von allen gleichermaßen bejubelt. So manche meinen: Atemlosigkeit habe sich ihrer bemächtigt. Beschleunigung wird eher als Belastung empfunden. Der Kern liegt in den rasenden Fortschritten der Digitalisierung, die jede Form der Informationsbeschaffung und Informationsverarbeitung mit ungeheurer Schnelligkeit erlaubt. Allerdings sind mit diesen Errungenschaften aber gleichzeitig auch die Handlungserwartungen in die Höhe geschnellt: man kann und muss schneller reagieren, schneller entscheiden, sich schneller zurückmelden, schneller arbeiten und mehr Dinge in der gleichen Zeit erledigen: quasi in Echtzeit mit Reaktionszeiten, die gegen Null tendieren.

Mit der sich rasant verändernden Arbeitswelt verändert sich auch die Beraterwelt - Algorithmen bestimmen zunehmend das Geschehen und verändern Produktionsabläufe und Beschäftigungsfelder: hat jemand eine Stelle als Berater, steht ihm die Welt offen. Eine Welt aber, die ziemlich groß und komplex ist. In diesem Umfeld finden manche High-Potentials auch Gefallen an der Beraterzunft des Interim-Managements, d.h. einer Beziehung auf Zeit. Sie springen vor allem bei Unternehmen ein, wenn es dort brenzlig wird oder wenn es um ein klar definiertes, zeitlich begrenztes Projekt geht. Das macht die Aufgabe besonders spannend und ist in vielen Punkten den eigentlichen Beraterjobs sehr ähnlich. Und dann gibt es noch jene Berater, die hierfür keine richtige Berufsausbildung gemacht haben, sondern früher als Manager auf der anderen Seite, nämlich der von Auftraggebern, standen. Was aber machen manche Manager, wenn sie ihren Hut genommen haben (manchmal auch nehmen mussten), wenn die sechzig- und siebzig-Stunden Wochen Vergangenheit sind, ebenso wie zahllose Sitzungen oder Dienstreisen? Was also tun, wenn eine angemessene, vergleichbare Position vielleicht nicht mehr im Bereich des Möglichen liegt, man sich selbst aber noch zu jung zum Aufhören fühlt? Wer unter Entzugserscheinungen zu leiden meint, sieht einen Ausweg dann vielleicht in einer Beratertätigkeit: für Mittelstandfinanzierung,

Sicherheitsfragen oder internationale Angelegenheiten. Zwar kann ein Manager, wenn er denn Berater werden sollte, seine alte Macht nicht zurückgewinnen, kann aber deswegen trotzdem noch etwas beeinflussen. Und ist dabei gleichzeitig flexibel und bleibt unabhängig. Die Erfahrungen aus dem Innenleben von Unternehmen lassen sich mit einer Beratertätigkeit vielleicht noch gewinnbringend vermarkten. Auch hier der alte Leitsatz des „Change Knowledge into Cash".

Eine Personalbilanz kann als breite Kommunikationsplattform für Entwicklungsmaßnahmen eingesetzt werden – ein Generalist mit einem Mix aus Analyse-, Konzeptions- und Umsetzungskompetenz

Wir sollten eine nur im kurzen Gewinnmaximierungsbereich angesiedelte Personalpolitik verlassen und versuchen, uns der taktischen Ebene, d.h. dem mehr qualitativen und strategischen Bereich zu nähern. Dabei ist der Übergang von sogenannten „harten", d.h. messbaren Personalfaktoren zu den sogenannten „weichen", d.h. angeblich nicht evaluierbaren Faktoren fließend.

Eine Personalbilanz funktioniert als 360-Grad-Radarschirm für verschiedene Beobachtungszwecke und -ebenen, mit dem insbesondere auch „weiche" Personalfaktoren umfassend identifiziert, differenziert abgebildet sowie systematisch bewertet werden können. Aus den Ergebnissen (beispielsweise einem Potenzial-Portfolio) können für das Personalcontrolling fundierte, abstimmfähige Maßnahmen- und Handlungsempfehlungen abgeleitet werden. Da eine reine Status-quo-Betrachtung auf Dauer nicht ausreicht, kann diese hinsichtlich künftiger Perspektiven erweitert werden. Viele Darstellungsmöglichkeiten, wie z.B. Ampel-Diagramme mit rot-gelb-grün-Bereichen für die Bewertung von Personalfaktoren, sind einfach verstehbar und können dadurch die Glaubwürdigkeit und Akzeptanz von Personalentscheidungen erhöhen. Die Personenbilanz ist auf einer auch in der Wirtschaft gängigen Systematik aufgebaut und kommt daher der Controlling-Denkweise entgegen. Die Darstellung legt auch die Dynamik der Wirkungsbeziehungen zwischen Personalfaktoren mit Hebel- und Rückkoppelungseffekten offen (graphische Netzdarstellung). Der für die Erstellung einer Personalbilanz notwendige Aufwand fällt nicht wiederholt an, da einmal erfasste Grundstrukturen bei einer Aktualisierung nur noch ergänzt und fortgeschrieben werden müssen. Auf der Zeitachse können durch den Vergleich fortgeschriebener Bilanzen Entwicklungen und Trends ablesbar gemacht werden. Das Monitoring der Personalbilanz verdeutlicht, wie weit man auf seiner weiteren Wegstrecke vorangekommen ist.

Berufsbegleiter Komplexität und Unsicherheit - Erkennen des eigenen Potenzials zur besten Version seiner selbst: im Berufsleben nehmen Komplexität, Geschwindigkeit, Wettbewerbsorientierung und gefühlte Unberechenbarkeit zu. Das Internet erhöht den Transparenzdruck durch weltweite Vergleichbarkeit. In Kombination kann dies Unsicherheit und gefühlte Überforderung mit Stressreaktionen als Folge bewirken. Um beruflich gesund zu bleiben braucht es nach Meinung einer Coaching-Expertin u.a. Verstehbarkeit: ich verstehe, wie sich meine Entscheidungen auf Ergebnis und Ziele auswirken. Und Gestaltbarkeit: ich kann gestalten und habe genügend Freiräume und verstehe auch, was ich mit welchen Entscheidungen bewirke. Und Sinnhaftigkeit: ich erkenne in meiner Tätigkeit einen Sinn. Kontakte über soziale Medien haben zum Teil persönliche Kontakte ersetzt: es gibt weniger Möglichkeiten zu erfühlen was wirklich gut tut. Wenn Apps und digitale Medien sagen, was der Körper braucht, verlernt man irgendwann, auf Körper und Gefühle zu hören. Intuition aber kann nicht durch Apps oder Algorithmen (die ohnehin niemand kennt oder gar versteht) ersetzt werden: für gute Entscheidungen sind sowohl der Verstand als auch meist Gefühl und Intuition die Voraussetzung. Sieht jemand keinen Sinn in seiner Tätigkeit, fehlt ihm eine (vielleicht die wichtigste) Kraftquelle. Das liegt daran, dass Glaube, Werte, Zeit für Muße, Reflexion und Besinnung abgenommen haben.

Generalist für interdisziplinäre Lösungen - praktische Erfahrung mit einem Mix aus Analyse-, Konzeptions- und Umsetzungskompetenz: zwar ist die digitalisierte, globalisierte Welt mittlerweile so differenziert und komplex, dass hierfür umso mehr individuelles, hochspezialisiertes Nischenwissen benötigt wird. Gerade im Beruf fällt es vor solchem dynamischen Grundrauschen schwer, vorausschauend zu planen und zu handeln. Wem also gehört die Zukunft? den Spezialisten ? den ganzheitlichen Generalisten? Für die Bewältigung vieler Probleme werden verschiedene Spezialisten (Wirtschaftsprüfer, Steuerberater, Rechtsanwälte, IT-Spezialisten u.a.) benötigt. Kleinere Optimierungsaufgaben können vielfach in Eigenregie bearbeitet werden. Für umfangreiche, komplexe Fragestellungen müssen meist (externe) Experten hinzugezogen werden. Um ein solches Projektteam erfolgreich zu managen, braucht es dann doch eher eine Person mit mehr interdisziplinärer Ausrichtung. Jemand, der in der Lage und fähig ist, sich in unterschiedliche Disziplinen und mit ganzheitlichen Ansätzen in verschiedenste Situation hineinzuversetzen. Denn alle diese Spezialisten müssen koordiniert und gesteuert werden. Denn im Projektteam müssen individuelle Charaktere und unterschiedliche Persönlichkeiten zusammen arbeiten und auf einen gemeinsamen Nenner (Leitbild) eingestimmt werde. Um hierbei (oft nicht vermeidbare) Reibungsverluste möglichst gering zu halten sollte die Zahl der Ansprechpartner und Schnittstellen ebenfalls gering gehalten werden. Wobei man wieder beim Generalisten angelangt wäre. Für die interdisziplinäre Zusammenarbeit braucht es neben der als selbstverständlich vorauszusetzenden Sozialkompetenz noch weitaus mehr: einen Teamplayer mit einem hohen Maß an Offenheit für andere „Kulturen". Dahinter steht auch mehr als nur der berühmte „Blick über den Tellerrand": unternehmerisches Gespür und eine (auch fachlich fundierte) Antenne für viele Teildisziplinen wirtschaftlichen Handelns (einschließlich analytische Methodenkompetenz). Hierfür braucht es nicht nur theoretisches Wissen, sondern auch viel praktische Erfahrung: ein Mix aus Analyse-, Konzeptions- und Umsetzungskompetenz.

Neuronale Netze als Blackbox; neuronale Netze erinnern von ihrem Aufbau und ihrer Funktionsweise her an Zellstrukturen und physiobiologische Vorgänge im menschlichen Gehirn. Dabei werden die eingehenden Informationen über die durch Linien angedeuteten Verbindungen zu den Verarbeitungseinheiten einer inneren, verdeckten Schicht geleitet und nach der dort stattfindenden Verarbeitung zur Ausgabeschicht des neuronalen Netzes weitertransportiert. Durch die Variation der Anzahl der verdeckten Schichten kann man unterschiedlichen Komplexitätsgraden bei der Modellerstellung Rechnung tragen; die Variation der Knotenzahl in den einzelnen Schichten ermöglicht eine individuelle Anpassung an konkrete Anwendungen. Die einzelnen Verbindungen sind mit Gewichten versehen, die die Stärke der Verbindung zwischen den betreffenden Knoten ausdrücken sollen. Neuronale Netze können bessere Ergebnisse als klassische statistische Verfahren liefern, besonders wenn die Daten nicht die Voraussetzungen für solche Verfahren bieten. Der Nachteil der neuronalen Netze liegt darin, dass sie sich wie eine Blackbox verhalten, d.h. wie ein neuronales Netz genau auf ein Ergebnis kommt, ist nicht nachvollziehbar. Sind also exakt dokumentierbare Lösungen nötig, sind ggf. Verfahren wie Clusteranalyse oder Entscheidungsbäume von Vorteil.

Der Faktor "Information" als eine Holschuld: viele Manager arbeiten auch heute noch vorwiegend mit umfangreichen Stäben und greifen nur in Ausnahmefälle selbst auf die sogenannten Executive-Informationssysteme (EIS) zurück. Die Begründung, dass Manager den Faktor „Information" nach wie vor als Bring- und nicht als Holschuld einschätzen oder aber ihre Entscheidungskriterien und damit ihre Informationsbedürfnisse nicht offenlegen wollten, ist jedoch nicht zutreffend. Vielmehr dürfte der Grund eher in konzeptionellen Defiziten liegen, insbesondere dass die Potentiale, die Informationsbedürfnisse des Managements umfassend und flexibel abzudecken, viel zu hoch angesetzt werden. Und: dass die Potentiale, das Management wirkungsvoll zu unterstützen, bessere Entscheidungen schneller zu treffen, viel zu hoch angesetzt werden. Und: dass die Vorstellung vom „vernetzten Manager" oder „gläsernen Unternehmen" in der Realität als überzogen erscheint: Und: dass in rein technikorientierten Ansätzen zu wenig berücksichtigt wird, dass sich die Informationsbedürfnisse von Personen in wesentlichen Punkten unterscheiden und teilweise sogar widersprechen. Und: dass die Einbindung externer -teilweise „weicher"- Umfelddaten zu wenig herausgestellt und auch unterstützt wird.

In volatilen disruptiven Wirtschaftswelten muss ein Startup auch mit dem Risiko des Scheiterns leben – in einer Welt der Entscheidungen unter Unsicherheit schwächen durch Außerachtlassung von Möglichkeiten und Chancen verkürzte Szenarien die eigene Position

Unser gesamtes Leben ist zwangsläufig riskant. Risiko ist eine subtile, sich jederzeit verändernde Größe, die selbst bei gleichem Sachverhalt für verschiedene Personen durchaus unterschiedlich sein kann. Wovon lassen wir uns leiten, wenn wir eine mit finanziellen Risiken behaftete Entscheidung treffen müssen? Wie messen Menschen ihr Risiko? Auf welcher Grundlage entscheidet man, ob man überhaupt ein Risiko eingeht oder nicht? „Unser Wissen über die Art und Weise, wie die Dinge funktionieren, egal ob in der Natur oder in der Gesellschaft, ist in dichte Wolken der Unklarheit gehüllt". Niemand kann es sich leisten, die Existenz von Risiken außeracht zu lassen. Man muss Risiken verstehen lernen, um besser mit ihnen umgehen zu können. Finanzielle Risiken belegen dabei eine Sonderrolle. Während sich viele Aspekte des täglichen Lebens eher langsam und manchmal sogar auf vorhersehbare Weise ändern, kann sich die Lage für einen Startup manchmal von einem Augenblick auf den anderen radikal verändern oder sogar umkehren. Anders als meist im täglichen Leben ist dabei dann die Vergangenheit kein guter Ratgeber. Zumindest kein verlässlicher (sondern ein riskanter) Ratgeber.

Um Erfolg zu haben, wird bei vielen zielorientierten Sachverhalten zunächst versucht, alle irgendwie damit zusammenhängenden Risiken zu identifizieren und nach Möglichkeit zu umgehen oder ganz auszuschalten. Eine einseitige Fokussierung auf das Risikomanagement drängt möglicherweise aber gleichzeitig vorhandene Chancen mit einer Ausschöpfung möglicher Potentiale zu sehr in den Hintergrund. Richtet sich alle Konzentration einseitig nur auf Ziele, hat man zwar einen Kompass mit klarer Anzeige vor Augen und kann sich an einer klaren Marschrichtung ausrichten und orientieren. Der Preis hierfür ist unter Umständen aber eine Verengung des Handlungs- und Entscheidungsfeldes, da der Blick auf möglicherweise vorhandene Optionen verstellt ist. Allzu leicht und bequem wird eine Lösung dann als alternativlos bewertet und befolgt.

Eine SWOT-Analyse könnte helfen. Sie berücksichtigt neben Stärken (= Strengths) und Schwächen (= Weaknesses) auch Gelegenheiten/Chancen (= Opportunities) und Bedrohungen/ Risiken (= Threats). Auf dieser Grundlage kann versucht werden, für berufliche Sachverhalte geeignete Stoßrichtungen zu entwickeln, die zur Übersicht und Abstimmung in einer 4-Felder-Matrix abgetragen werden können. Ressourcen und Erfolgspotenziale eines beruflichen Sachverhaltes lassen sich zunächst allgemein mit der Methode der Stärken-/Schwächenanalyse bewerten. Unter Zuhilfenahme einer SWOT-Matrix kann eine der angelegten Achsen in ein positiv besetztes Feld (= Opportunities) und in ein negativ besetztes Feld (= Threats) unterteilt werden. Analog wird eine weitere Achse in ein positiv besetztes

Feld (= Strengths) und in ein negativ besetztes Feld (= Weaknesses) unterteilt. Der Begriff SWOT setzt sich dann aus den Anfangsbuchstaben dieser 4 Felder zusammen. Im Feld für die Strengths-Opportunities-Kombination werden somit SO-Strategien eingetragen, mit denen vorhandene Stärken eingesetzt werden sollen, um die Chancen zu nutzen. Im Feld für die Strengths-Threats-Kombination werden ST-Strategien eingetragen, mit denen die eigenen Stärken zur Abwehr möglicher Risiken eingesetzt werden sollen. Im Feld für die Weaknesses-Opportunities-Kombination werden WO-Strategien eingetragen, mit denen durch Nutzungen von Gelegenheiten/ Chancen die eigenen Schwächen überwunden werden sollen. Im Feld für die Weakness-Threat-Kombination werden WT-Strategien eingetragen, mit denen die eigenen Schwächen gemildert und Risiken vermieden werden sollen. Die SWOT-Analyse ist abgeschlossen, wenn in jedem Kombinationsfeld entsprechende Handlungsempfehlungen und Maßnahmenoptionen enthalten sind.

Auf die Dynamik eines sich laufend ändernden Umfeldes kann man sich am besten durch ein nach allen Seiten offenes System einstellen. Strategisches Denken ist daher einen fortlaufender Optimierungsprozess aus geistigen und kreativen Anstrengungen. Hierbei können nicht nur bestehende, sondern vor allem auch alle ansonsten potentiellen Chancen umfassend identifiziert und analysiert werden. Der Lohn ist nicht zuletzt auch mehr Entscheidungsfreiheit. Mit dem methodischen Ansatz einer hierfür zu entwickelnden Personalbilanz kann für die Chancen als Grundlage des Erfolges ein Spiel der Möglichkeiten eröffnet werden. Der Schlüsselfaktor für die Zukunft ist ein proaktives Change Management, d.h. die Bereitschaft zur Veränderung von Spielregeln. Dazu kommt die Qualität der Umsetzung durch eine gezielte Entwicklung der inneren Schlagkraft eines Startup in Menschen bzw. deren Fähigkeiten und abgeleitet daraus in Strukturen, Systeme und Prozesse. Es genügt nicht, nur besser zu sein: ohne herausragende Antizipations- und Reaktionsfähigkeit ist vieles fraglich. Vielmehr müssen die Grundrichtungen und Konzepte mit dem festen Willen zur positiven Veränderung (nicht nur zur Verbesserung!) gezielt verfolgt und mit gestalterischem Denken genutzt werden.

Die Produktzyklen haben sich verkürzt, die Wertschöpfungsketten werden immer vernetzter. Es geht um eine Verankerung der schnellen Leistungsbereitschaft, die Suche nach zeitorientierten Wettbewerbsfaktoren, die organisatorische Planung hin zu beweglichen und am Markt direkt messbaren Leistungseinheiten, eine Vereinfachung der Planungs- und Konsensprozesse, die Flexibilisierung der Leistungserstellung sowie die Konzentration auf Leistungsschwerpunkte. und dies vor dem Hintergrund einer allgemeine Entwicklung, die durch weltweite Vernetzung durch Massenmedien, Image und Kommunikation als Erfolgsfaktoren, zunehmende Veränderungsgeschwindigkeit, Potentialausschöpfung über schnelle Kommunikation und Schlüsselrolle der Medien für unternehmerische Perspektiven gekennzeichnet ist. Die Entwicklung neuer Informationstechniken hat unsere Welt schneller gemacht, was zeitnahe Anpassungen erfordert. Aus dieser Entwicklung folgt eine Zukunftsorientierung: der rein vergangenheitsorientierte Umgang mit Steuerungsinformationen bietet keine ausreichende Basis für die Zukunftssicherung. Und eine Komplexitätsreduktion: erfordert aktive Unterstützung durch Analyseprozesse sowie die Fähigkeit, alternative Szenarien interaktiv zu modellieren (ermöglicht die Simulation von optionalen Zukunftsstrategien? Neben harten Kennzahlen ist auch die Integration von „weichen" Informationen notwendig. D.h. ein Startup darf nicht nur in vergangenheitsbezogenen Daten denken, sondern sollte stattdessen Szenario- und Sensitivitätsanalysen nutzen. Nicht das Erkennen von Veränderungen, sondern die hierauf zu treffenden Entscheidungen und vor allem deren zu langsames Umsetzen können zum Problem werden. Das Hüten einer immer weiter verfeinerten Controlling-Toolbox hilft nicht, wenn nicht gleichzeitig Status quo, Geschäftsmodell und Instrumente ständig hinterfragt und überdacht werden.

Startups können scheitern: ernüchtert oder gar verbissen. Und oft an ihrer eigenen Unfehlbarkeitsüberzeugung. Plötzlich sind sie verschwunden, die Welt dreht sich weiter wie zuvor. Nur macht jetzt eben ein anderer ihren Job. Nicht alle scheitern. Trotzdem sollten Startups die Möglichkeit eines Scheiterns mit einplanen. Denn manchmal kann es schnell gehen. Oder sie haben einfach nur Pech. Vielleicht ging ihnen aber auch irgendwann einmal der Realitätssinn verloren und sie haben mit ihrem Tunnelblick die Welt nur noch gefiltert wahrgenommen: Erfolge schreiben sie sich selbst zu, Misserfolge indes den Umständen. In jedem Fall schmälert eine eingeschränkte Sicht der Dinge die Fähigkeit, aus Misserfolgen zu lernen. D.h. die notwendige Offenheit für eine nüchterne Ursachenanalyse. Denn „Scheitern ist die dunkle Schwester des Erfolgs. Ohne die Möglichkeit des Scheiterns wäre der Erfolg nicht wert". Das Spektrum für den Umgang mit dem Scheitern reicht vom Scheitern als finalem Punkt einer Entwicklung bis hin zum kompletten Gegenteil, der Neufindung. Scheitern kann als eine Entwertung seiner selbst gelebt werden. Aber man kann auch stärker als zuvor (geläutert und gereift) aus einer Niederlage herausfinden. Wird einem dies im Augenblick der Niederlage selbst klar, steht man unweigerlich vor der Frage: wer bin ich eigentlich?

So kommt es darauf an, bereits die Krise als erste Stufe einer aufziehenden Schieflage rechtzeitig zu identifizieren. Oft liegen zwischen dem Erkennen einer Krise und dem Konkurs nur wenige Wochen, d.h. wird eine Krise erst im späten Stadium einer dann manchmal schon Liquiditätskrise erkannt, ist eine Rettung oft nicht mehr möglich. Eine Insolvenzgefährdung wird durch verschiedene Faktoren bestimmt. Insolvenzen stellen immer einen Ausnahmetatbestand dar. Mancher Startup scheidet durch eine stille Liquidation auch ohne Insolvenzverfahren aus dem Markt aus. Aber Risiken entstehen selten über Nacht: vielmehr kündigen sie sich mit mehr oder weniger zahlreichen und zum Teil nicht direkt sichtbaren Symptomen an. Wer also Risiken und strategische Fehler bereits im Vorfeld erkennt, kann Krisen bereits im Vorfeld meistern und so nicht zuletzt auch den Absturz in eine „worst-case"-Insolvenz vermeiden.

Die für die Erstellung einer Personalbilanz entwickelte Vorgehenssystematik erzwingt eine intensive Beschäftigung und Auseinandersetzung mit allem, was mit Personalfaktoren zusammenhängt. So unterliegt beispielsweise der Berufsweg einer Person im Laufe der Jahre vielen Einflussfaktoren: die richtigen Strategien spielen eine wichtige, wenn nicht die entscheidende Rolle. Strategien sind eine Domäne des Schachspiels. Konzentriertes Nachdenken hilft dabei nicht nur beim Schach, sondern auch im Startup. Das Schachspiel lebt vom ständigen Durchrechnen verschiedener Varianten: ein Vorgehen, das häufig auch im Startup angebracht erscheint. Im Schachspiel gibt es oft derart komplizierte Stellungen, dass es nahezu unmöglich ist, alle möglichen Varianten auf Erfolg oder Risiko hin durchzurechnen. Ein erfolgsreiches Hilfsmittel hierbei ist das Lavieren, d.h. das Suchen nach Zügen, mit denen man erst einmal nichts an Stellungen verändert, sondern abwartet. Es geht also um einen nützlichen Umgang mit komplexen, im Moment nicht durchschaubaren Problemen, um Zwischenlösungen ohne Nachteile. Mancher Startup-Erfolg stellt sich für den ein, der lange Zeit spielen kann, ohne den kleinsten Fehler zu begehen. Wenn es gelingt, während des Spiels zu einer quasi emotionslosen Wand zu werden. Nervenstärke ist erforderlich, wenn das Risiko groß ist, in einem unübersichtlichen Schlagabtausch unterzugehen. All dies macht nicht nur die Faszination des Schachspiels aus, sondern kann gleichzeitig als Rüstzeug für wichtige Schritte auf dem Erfolgspfad eines Startup dienen. Die Darstellungsoptionen einer Personalbilanz legen die Dynamik der Wirkungsbeziehungen zwischen solchen Faktoren mit Hebel- und Rückkoppelungseffekten offen (graphische Netzdarstellung).

Knapp die Hälfte aller Gründer sind Chancengründer, die sich selbständig machen, um eine Geschäftsidee umzusetzen - Eigenverleger sollten bereits im Vorfeld Schieflagen und „worst-case"-Situationen begegnen, denn- Strategie ist nicht alles, aber ohne Strategie ist alles nichts

Wer sind die Gründer, die jungen Global Player, die unser aller Leben umkrempeln (wollen)? Ungefähr ein Drittel sind Notgründer, die zur Selbständigkeit keine bessere Erwerbsalternative hatten. Etwa jeder fünfte Gründer hatte andere finanzielle oder persönliche Motive. (Vgl. u.a. KfW-Gründungsmonitor). Viele Gründer, die sich für Berlin als den Standort ihrer Zukunft entscheiden. Ausgerechnet für einen Standort, an dem es vor nicht allzu vielen Jahren kaum noch Industrie gab. Nur Schulden und Menschen, „bei denen nie ganz klar war, ob sie gerade arbeitslos, in einer Schaffenskrise oder mit der Planung eines künftigen Projekts beschäftigt waren. Was florierte, war einzig der politische Betrieb, Lobbyisten, Anwälte, Verbandsleute, der minderproduktive Teil der Volkswirtschaft". Bei ganzheitlicher (gesamtwirtschaftlicher) Betrachtung gibt es für Gründungstätigkeiten vor allem zwei Einflussfaktoren: die Konjunktur und die Arbeitsmarktentwicklung. *Konjunktur*: wirkt als „Pull-Faktor" auf das Gründungsgeschehen (eine gute Konjunktur „zieht" Erwerbstätige in die Selbständigkeit. *Arbeitsmarkt*: wirkt als „Push-Faktor" auf das Gründungsgeschehen (Erwerbsfähige bekommen durch negative Arbeitsmarktentwicklung einen Anstoß zur Selbständigkeit).

In Berlin treffen plötzlich elektrisierte Gründertypen auf Kapital, Ideen verbünden sich mit Geld (geliehen von Business Angels, Hasardeuren, amerikanischen Fonds und gewöhnlichen Investoren). Ausschlaggebend für das Gründungsgeschehen ist eine Kombination struktureller Entwicklungen, wie der Entstehung neuer Bedarfe, der Änderung von Qualifikationsstrukturen und der Erwerbsbeteiligung von Frauen. Die Mehrheit der Gründer startet im Dienstleistungsbereich (Handel und das Produzierende Gewerbe halten sich in etwa die Waage), d.h.: wirtschaftliche Dienstleistungen, persönliche Dienstleistungen, Finanzdienstleistungen, Verkehr, Nachrichtenübermittlung. Zuletzt ist die Anzahl von Gründern in freiberuflichen Tätigkeiten angestiegen, während die Gründungstätigkeit in gewerblichen Tätigkeitsfelder nachgelassen hat (Vgl. KfW Gründungsmonitor). Eine Existenzgründung ist kein Kindergeburtstag, sie ist mehr Marathon als Sprint. Dabei hängt alles mit allem zusammen. Dieses auf den ersten Blick undurchsichtige Netz von dynamischen Wirkungsbeziehungen gilt es, systematisch zu durchforsten und für gegebenenfalls notwendige Maßnahmen, Handlungsempfehlungen transparent nachvollziehbar aufzubereiten.

Mittlerweile lesen (Nachrichten), schauen (Videos) oder hören (Podcasts) mehr Menschen über ihr Smartphone oder Tablet als über ihren Rechner. Schon viele haben ihre Zeitung abbestellt: nun lassen sie auch ihren Computer häufig ausgeschaltet. Mit den neuen Trägermedien ändern auch die Nutzungsgewohnheiten: Smartphone-Nutzer halten sich kürzer mit einzelnen Texten (Artikeln) auf, als Menschen, die Bücher lesen oder vor dem

Rechner sitzen. Untersuchungen belegen, dass die veränderten Nutzer(Leser-)gewohnheiten ihrerseits die Medien verändern und auch auf Inhalte rückwirken werden. So liefern manche Autoren zu ihren Texten bereits (vier oder fünf) verschiedene Überschriften und Vorschaubilder mit. Auf Basis von Nutzer-Feldforschung im Internet gewinnen die Überschriften und Bilder, die am meisten angeklickt werden. Erst nach dieser Experimentierphase wird der Text endgültig verpackt und verbreitet. Dies alles wird möglich, weil viele (alle) im Netz so viele Spuren hinterlassen: das Publikum kann somit vermessen, analysiert und dann nach seinen Neigungen bedient werden. Denn: das Internet ist nicht nur das mächtigste Echtzeitmedium, sondern auch das größte Archivmedium.

Wer Autor und wer Rezipient ist muss neu gedacht werden: gibt es in Textprogrammen wie beispielsweise dem weitverbreiteten *Word* so etwas wie eine Textintelligenz? Denn dort gibt es (um Schreiben zu verbessern) beispielsweise Funktionen, die den Menschen als alleinigen Autor in Frage stellen. Ein Editor übernimmt dort u.a. die Aufgabe einer automatischen Selbstkritik, markiert unklare oder schwer lesbare Textstellen, weist auf passive Sprache und Langatmigkeit hin. Moniert auch einmal abwegige Wörter, getrennte Infinitive, Umgangssprache, oder genderspezifische Wörter. Mit einer weiteren Recherche-Funktion kann eine Suchmaschine für zitierfähige Quellen, Zitate und Bilder integriert werden. „Mit wenigen Klicks kann man so Texte um Informationen anreichern, die *Word* selbständig im Netz recherchiert hat." Und zwar so im Hintergrund, dass schon nicht mehr nachvollziehbar ist, wie viel maschinelles Wissen in die Anfertigung des Textes eingeflossen ist.

„Der Mensch gibt den Schreibimpuls, der Computer arbeitet zu, wo er kann. Der Text ist ja schließlich eine Zusammenarbeit von Mensch und Maschine.". Damit dies aber funktionieren kann, müssen Computer zu Wissensmaschinen werden. Angeschlossen ans Internet, werden sie selbständig Wissen anhäufen, Sprachmodi entwickeln und in wie auch immer geformte Dialoge mit uns treten. Sie werden unsere Textnachrichten lesen, um algorithmische Modelle von uns und unseren Freunden und Geschäftspartnern zu erstellen. Sie werden die informationelle Welt um uns herum (vielleicht besser als wir selbst) verstehen oder Trends früher erkennen. Eine natürliche Grenze wird allerdings dort gezogen, wo dann die Maschine selbst zum Menschen werden müsste.

Für Eigenverleger kommt darauf an, bereits die Strategiekrise als erste Stufe einer aufziehenden Schieflage (abflauendes Leserinteresse, sinkende Preise, Veränderung der Marktposition, u.a.) rechtzeitig identifizieren zu können. Oft liegen zwischen dem Erkennen einer Krise und dem Konkurs nur wenige Wochen, d.h. wird eine Krise erst im späten Stadium einer dann manchmal schon Liquiditätskrise erkannt, ist eine Rettung oft nicht mehr möglich. Eine Insolvenzgefährdung wird durch verschiedene Faktoren bestimmt: zwar lassen sich Insolvenzen nur sehr selten auf eine Ursache zurückführen, dennoch ist ein maßgeblicher Faktor auf die Insolvenzentwicklung die Ertragslage und ihre Veränderung. Insolvenzen stellen immer einen Ausnahmetatbestand dar. Oft scheiden Eigenverleger durch eine stille Liquidation ohne Insolvenzverfahren aus dem Markt aus. Risiken entstehen selten über Nacht: vielmehr kündigen sie sich mit mehr oder weniger zahlreichen und zum Teil nicht direkt sichtbaren Symptomen an. Wer Risiken und strategische Fehler bereits im Vorfeld erkennt, kann Krisen bereits im Vorfeld meistern und so nicht zuletzt auch den Absturz in eine „worst-case"-Insolvenz vermeiden.

Der vielfach angekündigte und vorausgesagte Siegeszug der E-Books lässt auf sich warten: außer in den USA hat das elektronische Publizieren sonst nirgendwo dreißig Prozent des Umsatzes im Buchhandel überschritten (auf dem deutschen Markt liegt der Anteil erst bei fünf Prozent). Was aber nicht heißt, dass nunmehr wieder deutlich mehr gedruckte Bücher verkauft würden. Die Branche befindet sich nach wie vor im Umbruch: Literatur bedeutet längst mehr als nur Bücher. „Für die Flut von Websites im Netz werden auch entsprechende Massen an Bildern benötigt, und zuverlässigster Bildlieferant ist nun einmal die Kunst, sofern man sie nur weit genug versteht, also von Design über die klassischen bildenden Künste bis hin zur Fotografie." Mit der Verleihung des Literaturnobelpreises an einen Musiker und Song-Schreiber widerfährt der Literatur eine weitere inhaltliche Ausweitung: die Grenzen zwischen Belletristik und Sachbuch, zwischen Memoiren und Biographien, zwischen Essays und Dokumentationen verschwimmen. Wodurch die Bestimmung dessen, was Literatur ist und sein soll, immer schwieriger geworden ist. Verstärkt wird diese Entwicklung mit der Auflösung tradierter Formen durch das Publizieren im Internet.

Kompetenz und intellektuelle Anstrengung zwischen Kennzahlengläubigkeit und Bauchentscheidung: Marktwissen und Fachkenntnis eines Eigenverlegers müssen in einem schnelllebigen Marktumfeld mit kompetenten Analysen unterstützt werden können. Denn nur dies ermöglicht: strategische Entscheidungen auf Basis aktueller und maßgeschneideter Informationen treffen zu können. Datenanalyse und individualisierte Informationsgenerierung spielen eine immer bedeutsamere Rolle: die flexible Generierungsmöglichkeit für entscheidungsrelevante Ergebnisinformationen sind ein immer wichtigerer Bestandteil erfolgreichen Handelns. Die besten Analysen verlieren jedoch an Wert, wenn ihre Aussagen nicht umgesetzt werden können. Dazu müssen: a) Daten aus verschiedenen Quellen zusammengeführt und angepasst werden, b) mit diesen Daten situationsspezifische Berichte generiert werden, c) vertiefte statistische Analysen erstellt werden, d) Reports, Analysen auch aktuell mit externen Zusatzinformationen angereichert werden. Die Bildung und Auswertung von Kennzahlen setzt zunächst voraus, dass sich ein Eigenverleger der Grenzen ihrer Aussagefähigkeit bewusst ist.

So darf nicht übersehen werden, dass Kennzahlen in ihrer mathematischen Formalisierung oft statisch sind und die Dynamik ablaufender Prozesse nicht immer genau zeitnah abbilden. Nicht aus dem Auge verloren werden sollte, dass vergangenheitsbezogene Kennzahlen nur bedingte Aussagen über die Gegenwart und noch weniger Aussagen über die Zukunft zulassen, statische Kennzahlen nur stichtagsbezogene Situationen widerspiegeln und damit nicht Bewegungsabläufe über Zeiträume erfassen können. Kennzahlen dürfen nicht isoliert interpretiert werden, sondern müssen sich einer bestimmten Systematik zuordnen lassen. Integrierte Kennzahlensysteme sind immer Mittel-Zweck-Beziehungen, die aus einem übergeordneten Zielsystem abzuleiten sind. Das wichtigste Element der Kennzahl bleibt ihr Informationscharakter, um auch komplizierte Tatbestände in konzentrierter Form quantifizieren zu können. Die rechnerische Kennzahlenzerlegung wird erst dann fruchtbringend, wenn sie zu Kennzahlenbündeln führt, die vorhandene Informationen sinnvoll ordnen.

Kennzahlenbündel haben die Aufgabe, die Spitzenkennzahl des Systems analytisch bezüglich der sie dimensionierenden Einflussgrößen zu erklären. Zum Wesen eines Kennzahlensystems gehört daher die Beantwortung der Fragen nach Verhältnismäßigkeit (durch Kennzahlenvergleich) und Ursächlichkeit (durch Kennzahlenzerlegung). Entscheidend ist, dass der Eigenverleger nicht einer Kennzahlengläubigkeit verfällt und ihnen nicht bei allen Entscheidungen nur noch sklavisch folgt. Kompetenz als Eigenverleger bemisst sich nicht allein nach Umsatz und Gewinn. Nur allzu leicht werden qualitative Aspekte als irrelevant ausgeklammert, da man sie nicht in einem Zahlengerüst bis auf die Nachkommastelle genau quantifizieren kann. Gerade bei komplizierten Sachverhalten und Entscheidungssituationen kommt es manchmal auf diese qualitativen Aspekte an. Werden bei der Entwicklung von immer ausgefeilteren Kennzahlen bei dem Wunsch nach Komplexitätsreduktion diese qualitativen Unwägbarkeiten ausgeblendet werden, können Entscheidungen in die Irre führen. Entscheidungen haben eben oft ein schwierigeres Umfeld als ein Cockpit mit grünen, gelben und roten Lämpchen. Es ist ein Zeichen guter Eigenverleger, dass sie sich zwar der immer raffinierteren Kennzahlentools zu bedienen wissen, neben allen Zahlen und Daten aber trotzdem ein hohes Maß qualitativer Komponenten einbeziehen. Intellektuelle Anstrengung und Kompetenz bedeuten, alle Elemente, d.h. auch und gerade die nicht quantifizierbaren, in Entscheidungen einfließen zu lassen. Bauchentscheidungen und Kennzahlenentscheidungen sind keine sich ausschließende sondern sich ergänzende Erfolgselemente.

Konsistente Entscheider sind die besseren und kumulieren mehr Vermögen - neben messbaren Personalfaktoren gibt es viele andere, sogenannte „weiche" Faktoren, die für den Erfolg einer Entscheidung ausschlaggebend sein können

Wissens- und Personalbilanz im Hintergrund: Auf den ersten Blick mögen diese Bilanztypen nichts oder wenig miteinander zu schaffen haben. Trotzdem gibt es als starke Klammer einen gemeinsamen Nenner: In einer Welt der angeblich so harten Wirtschaftsfakten mit ihrer Scheingenauigkeit von Nachkommastellen richten sie ihr Augenmerk verstärkt auf sogenannte „weiche" Faktoren. In vielen Entscheidungssituationen von Eigenverlegern sind es nämliche gerade solche, die nicht nur das Salz in der Suppe, sondern ganz wesentliche Entscheidungskriterien ausmachen. Entscheidungsprozesse durchlaufen verschiedene Entwicklungsstufen: von der Daten- über die Informations- bis hin zur höchsten Wissensstufe. Den Schwierigkeitsgrad einer Entscheidung erfasst man u.a. dadurch, indem man auf das Verhältnis von Daten, Informationen und Wissen schaut. Informationsbasierte Entscheidungen sind eher besser als solche, die ohne Informationen auskommen müssen. Wissensmanagement erfordert auf der Entscheidungsebene die Bewertung von zirkulierenden Informationen.

Im Vergleich zu gut strukturierten Daten werden Wissen und Erfahrungen in der Regel nicht explizit dargestellt. Genau diese Informationen sind aber für den Entscheidungserfolg von Bedeutung. Schwach strukturierte Prozesse, deren Ablauf nicht genau vorhersehbar ist, werden meist nur einmal in der gleichen Form durchgeführt. Während bei der Vermittlung von Wissen zunächst kognitiven Fähigkeiten im Vordergrund stehen, werden bei der praktischen Umsetzung dieses Wissens in Entscheidungen auch persönliche, soziale und kommunikative Kompetenz benötigt. Alle Stufen der Entscheidungsfindung sollten daher verstärkt auf diese „softfacts" eingehen. Wissen und Erfahrungen sind an Personen gebunden und daher können nur die Knowhow-Träger selbst diese Potenziale erschließen. Die Halbwertzeit des Wissens sinkt dramatisch ab: d.h. ohne regelmäßiges Aktualisieren könnte wertvolles Knowhow in kürzester Zeit für wichtige Entscheidungsprozesse nur noch die Hälfte wert sein.

Entscheidungsprozesse ruhen auf einem komplizierten und manchmal schwer zu durchschauendem Gerüst von Personalfaktoren. Neben messbaren Personalfaktoren gibt es viele andere, sogenannte „weiche" Faktoren, die für den Erfolg einer Entscheidung ausschlaggebend sein können. Die Grenzlinien zwischen beiden Faktorenqualitäten verlaufen nicht immer eindeutig. Ein sogenannter wichtiger „Hauptfaktor" muss diese Einordnung nicht für alle denkbaren Situationen beibehalten. D.h. je nach Sachlage können „Hauptfaktoren" und scheinbar unwichtige „Nebenfaktoren" ihre Wertigkeitsposition auch tauschen. Ein Personalfaktor ist nicht schon allein deshalb wichtig, weil er gemessen werden kann. Umgekehrt ist ein Personalfaktor nicht schon deshalb weniger bedeutsam, weil über ihn keine exakten Bestimmungen vorliegen. Auch für die sogenannten

„weichen" Faktoren gilt: für Eigenverleger sind sie weit häufiger auch nachvollziehbar quantifizierbar als üblicherweise angenommen. In einem zunehmend dynamischer und wettbewerbsintensiver agierenden Umfeld nimmt die relative Bedeutung der „weichen" Faktoren gegenüber den üblicherweise gemessenen harten Faktoren weiter zu.

Schlaue Ökonomen haben sich mit der Frage befasst, wie Menschen was entscheiden und dabei auf Qualität der Entscheidungen sowie auf Zusammenhänge zwischen Entscheidungen und persönlichen Eigenschaften abgestellt. Wie auf allen anderen Gebieten auch verfügen Eigenverleger über unterschiedliche Fähigkeiten: hier Entscheidungen zu treffen. Ebenso wenig kann das grundsätzliche Ergebnis solcher Untersuchen verwundern: rationalere Entscheidungen bringen zumindest längerfristig gesehen mehr Vorteile. Was aber ist nun rational und was eben nicht? Können hierfür eindeutige Kriterien vermessen werden? Und wenn - welche wie? Alleine die Bewertung des jeder Entscheidung direkt oder indirekt innewohnenden Risikos ist ein großes Problem: was dem einen noch als Haltung eines Sicherheitsfanatikers gelten mag, könnten andere bereits als Tun eines .Hasardeurs betrachten

Wer rational entscheidet, steht zumindest in der Welt der Finanzen auf der Gewinnerseite: so das Ergebnis einer Testreihe mit Probanden. Wer in experimentellen Test konsistente = rationale Entscheidungen treffe, würde vermutlich auch im realen Leben die besseren Entscheidungen treffen, d.h. Erfolg würde sich mit der Summe richtiger Entscheidungen einstellen. Die besseren Entscheider hätten also über einen längeren Zeitraum hinweg auch mehr Geld oder Vermögen auf ihrem Konto. Aber: nicht Reichtum macht schlau, sondern schlaue Leute werden reicher als die weniger guten Entscheider. Aber die Formel: Konsistente Entscheidungen = gute Entscheidungen = mehr Erfolg (Reichtum) mag zwar Tendenz und Richtung bestimmen, muss aber nicht für Eigenverleger in jeder Situation gelten: so dürfen denn auch Kriterien wie „konsistent" und „prinzipientreu" nicht mit persönlichen Eigenschaften wie etwa „wenig anpassungsfähig", „wenig flexibel" oder „wenig lernfähig" umgesetzt werden.

www.ingramcontent.com/pod-product-compliance
Lightning Source LLC
Chambersburg PA
CBHW071031240526
45469CB00006BD/2174